JN074454

税理士・会計事務所の 人事労務トラブル 解決Q&A

弁護士 **三上安雄** 著
Mikami Yasuo

中央経済社

はじめに

　私の実務経験上，これまで何度となく会計事務所から人事労務上のトラブルについてご相談をいただき，対応させていただきました。会計事務所にとってより良い形で解決に至った事件もあれば，なかなか思ったような解決に至らず，後にこうしたほうがよかったかもしれないと学んだ事件もあります。

　今回，中央経済社から本執筆の企画をいただいた際に，会計事務所において人事労務に携わる経営者や職員の方，さらに会計事務所から相談に預かる弁護士，社会保険労務士などの専門家の先生方に，少しでもお役に立てる情報を提供し，実務対応の1つの道標を提供できればと思い，筆を執ることにいたしました。

　さて，会計事務所は，職員（社員）が集まった組織体という意味では，他の一般の会社や個人事業主企業と変わりはありませんが，会計の専門家である有資格者（公認会計士，税理士），さらに専門的な知識，経験を生かして有資格者をサポートする職員（以下，両者を合わせて「有資格者等」といいます）が事業を担う点に特徴があります。

　また，有資格者等は，業務上，顧客や会計事務所の重要な機密情報（個人情報を含む。以下，単に「機密情報」といいます）に接する立場にあり，その機密情報の秘匿，不正使用の防止を図る必要性が高い，という点にも特徴があります。

　このような特徴から，会計事務所は，その事業を担うに当たり，その業務に適した有資格者等を採用，育成していく，そして，残念ながら，その有資格者等が業務に不適合な場合には，業務に支障が生じないように労務管理をする必要があります。

また，有資格者等が業務上知り得た機密情報を在職中はもとより退職後においても漏洩しないように労務管理する必要もあります。

　このような会計事務所ならではの労務管理上の必要性を含め，会計事務所における労務管理上往々にして生じうる問題を取り上げ，Q&A方式でその対応を解説しました。また，その対応に当たり，必要になると思われる文書類を作成する場合に参照できるよう書式例も掲載しました。さらに，そのテーマに関連する情報として実務上役立つ情報も『☞参考情報』として掲載しましたので，そちらもぜひ参照いただきたいと思います。

　本書を通じて，会計事務所の人事労務に携わる皆様，そして，会計事務所から相談に預かる専門家の先生方が実務対応を検討するにあたり参考となる情報を提供できたのではないかと思っております。皆様の人事労務実務の一助になれば幸いです。

　最後になりましたが，本書作成過程で有益な情報をいただきました，藤曲武美先生，山本成男先生に，また，本書の編集・校正作業にお骨折りいただきました中央経済社実務書編集部の牲川健志さんに心より御礼申し上げます。

2022年6月

三上　安雄

も　く　じ

第3章　**メンタルヘルス**

第4章　**問題職員への対応**

第5章　**退職・解雇をめぐる問題**

※本書で取り上げるQ&Aは，実在の人物や団体などとは関係ありません。

第 **1** 章

職員の採用

・・・・・・・・・・・・・・・

Q1 業務能力の確認と誓約書の徴集

幣所では会計事務所として，職員を採用するに当たり，その業務能力を期待して採用していますが，実際仕事をしてもらうと能力不足が判明するケースがあります。そのような職員が発生しないように採用時に何か工夫すべき点がありますか？　また，そのような職員に辞めてもらうに当たり，もめごとにならないようにするために採用時に配慮する点がありましたら教えてください

A 事務所が求める職員の適性，能力を当該職員が備えていることを求めるのであれば，単に面接だけで見極めることは難しく，適性，能力の有無を採用時にテストすることが有用でしょう。

また，適性，能力を欠くことを理由に辞めてもらうときにもめごとにならないようにするためには，採用時において，事務所が，どのような適性・能力があることを前提として当該職員を採用するのかを雇用契約書において明らかにする，あるいは事務所が求める適性・能力を有することについて当該職員から誓約書を事務所に提出してもらう，という工夫が大切だと考えます。

解　説

1　能力不足の職員でも解雇のハードルは高い

会計事務所が採用を考えている人材が有資格者（公認会計士，税理士等）の

場合，その専門的な知識について相応の水準を有する者として資格が与えられていますので，おおむねその能力について信頼を置くことができます。一方で，その補助的な業務を担う職員の採用を考えている場合，その人材は資格を有しているわけではありませんので，採用に当たり本人が提出した履歴書，職務経歴書の記載や面接における本人の説明等から，事務所で担ってもらう業務を担うのに十分な適性，能力があると期待できる人を採用することになろうかと思われます。

　しかしながら，採用後に実際の業務に就いてもらうと，上記期待に反し，事務所が求める業務を担う適性，能力に欠け，業務を任せられない，という事態に陥ることも少なくありません。

　このような適性，能力不足の職員（以下，説明の便宜上「ミスマッチ職員」といいます）について，事務所として辞めてもらいたいと思った場合に，本人が退職することに納得して直ちに辞めてもらえるのであれば，ミスマッチが生じてもそれほど大きな問題ではないのかもしれません。

　しかし，わが国では，解雇が認められるためには，解雇に客観的に合理的な理由があり，かつ，解雇が社会通念上相当であることが求められ（労働契約法16条），そのハードルはとても高くかなり限定的な場合にしか解雇が認められません（解雇については，**Q28**（136ページ）も参照）。

　そこで，ミスマッチ職員の対応として，次の2つの方針が考えられます。まず，第一に，そもそもミスマッチ職員をできる限り採用しないようにする，という方針と，第二に，採用後にその能力不足が判明した場合に，解雇に至る前の退職勧奨によって，もめごとにならずにできる限りスムーズに本人に自らの意思で退職してもらう，という方針です。以下，それぞれについて検討してみましょう。

2　ミスマッチ職員をできる限り採用しない

　ミスマッチ職員の問題を抱えない最大の予防策は，ミスマッチ職員を採用し

ないことです。そのために採用段階で，応募者の適性・能力において問題がないか，事務所が期待する水準に達しているかを見極める必要があります。

　応募者から事務所に提供される数少ない情報の中に，履歴書や職務経歴書があります。それらの記載内容（字の丁寧さや言葉の正確性等）から，仕事に対する姿勢やその能力を確認することはもとより，記載されている職務経歴から，過去どのような経緯で退職に至ったのか，特に転々と勤務先を変えているような場合，勤続年数が短く転職に至った理由など，また，過去にどのような職務経験を有し，どのようなことができるのか等を面接時に率直に聞き，履歴書等の記載内容を確かめながら，応募者の適性や能力について判断していくことが重要であることは言うまでもありませんし，また，面接においてはぜひそのような確認は必要でありましょう。

　しかしながら，履歴書等の提出書類と，面接での受け答えだけから応募者の適性，能力を判断するのは正直難しいところがあります。そこで，採用時に採用試験を実施している事務所もあります。職員としての適性（事務を正確にこなすことができるか等）の有無や会計に関する基礎的知識を確認するためのテストを実施しているとのことです。そうした取組みも参考にしてみてはいかがでしょうか。

3　もめごとにならないよう，退職勧奨により本人に退職してもらう方法

　前記1で，解雇が認められるためには，解雇に客観的に合理的な理由があり，かつ，解雇が社会通念上相当であることが求められ（労働契約法16条），そのハードルはとても高くかなり限定的な場合にしか認められないと申し上げました。特に，高校や大学などの新卒採用で採用後の業務経験や教育によってその能力が高められていくという一般社員の場合，たとえ能力不足であっても，①その能力不足が著しく，かつ，②指導，教育をしてもその改善が見られず，かつ，他の能力が生かせる可能性のある職務への配転等を行ってもなおその能力

不足が解消されないような場合でないと解雇は認められない，というのが裁判例の一般的な傾向です。

　これに対し，例えば，中途採用で，管理職として採用された，あるいは高度な専門職として採用されたなどその職務能力があることを前提に採用されたような場合，その能力・成績不良については一般社員より厳しく判断され（雇用契約の前提として求められた能力に照らして能力不足・成績不良が判断され），また，そもそも特定の業務を担うことを前提に採用しているため，配転等を行って雇用維持を図る必要性までは認められないでしょう。

　例えば，海外での勤務歴に着目し，業務上必要な英語力及び日本語の語学力，品質管理能力を備えた即戦力の人材として，主事1級として採用したものの，

① 品質管理に関する専門的知識や能力が不足していること
② 原告が作成した英文の報告書には，到底是認し難い誤記，誤訳が見られ，期待した英語能力に大きな問題があるばかりか，日本語の能力も当初履歴書等から想定されたものとは異なり極めて低いものであったこと
③ さらに，上司の指導に反抗するなど勤務態度も不良であったこと

を理由に解雇を有効と判断した裁判例もあります。この事件では，その能力不足はその雇用の前提として求められている能力に照らして判断されています。

　このような，専門職として採用した場合の解雇の考え方を参考にしますと，会計事務所において職員が担う業務において適性や専門性が求められるとすれば，その求められる適性や専門的な知識に欠けることが明らかな場合，解雇は一般的な場合に比べより緩やかに認められる可能性があります。ただし，上記のように職員に求められる適性，能力を前提に雇用契約が締結されていることが必要ですし，また，そのことを職員が十分に認識したうえで，事務所に採用されていることが肝要です。

　そこで，事務所としては，職員においてどのような適性・能力があることを前提として採用するのかを雇用契約書において明らかにする，具体的には，事

務所として職員と雇用契約を締結するに当たり，本人に求める適性・能力を明記し，採用される職員がその適性・能力があることを前提としている旨を明確にする条項を設ける，あるいは事務所が求める適性・能力を有することについて誓約書を事務所に提出してもらう，という工夫をすることが有用であると考えます。

　このような工夫をすることで，採用される職員も自らがそのような適性，能力がないとされた場合に雇用契約を継続できないことについて雇用契約締結当初から認識することができます。なお，ご参考までに雇用契約書の条項案を下記に挙げておきます。

雇用契約書

○○会計事務所（以下，「甲」という）と○○○○（以下，「乙」という）は，以下のとおり雇用契約を締結する。

　　　　・
　　　　・

第●条（職務内容，求める適性・能力）
　　　乙を会計補助業務要員として採用する。会計補助業務として，下記の職務内容を全うできる適性・能力（会計専門知識，処理能力等）が乙にあることを前提とする。
　(1)　顧問会社との月次・隔月の面談
　(2)　月次報告，月次監査の対応
　(3)　顧問会社の経理担当者への指導
　(4)　税務相談
　(5)　会計データのチェック
　(6)　その他税理士の指示による補助業務 [注]

（注）：記載の業務内容はあくまで一例です。担わせる業務内容はできる限り具体的であることが望ましいです。記載が抽象的な場合は，後に職員から採用時に聞いていない業務をさせられたとの反論を招かないためにも，採用時に業務内容をより具体的に説明しておいたほうがよろしいでしょう。

ところで，解雇は，会計事務所からの雇用契約の一方的な解約，つまり，職員の意思に関係なく問答無用に解約することから，職員は解雇後の生活の糧を失うことになり，労使紛争に至るケースが少なくありません。

　そこで，そのような労使紛争をできる限り回避する手法として，解雇の意思表示をする前に，当該職員に対し，事務所から，ある程度の経済的な優遇措置（退職一時金等）を提示して退職勧奨し，職員との間で雇用契約を合意解約するという手法を取るのが一般です。

　前述のとおり，実際に当該職員に就労してもらったところ，求める適性，能力に欠けるという事態に至った場合で，事務所として雇用継続が困難であると判断した場合，当該職員に対し，退職勧奨を行い，できる限り合意解約を目指すことになろうかと思われます。この退職勧奨の手法については，123ページの**Q25**をご参照ください。

　退職勧奨を行い，雇用契約の合意解約に応じてもらう場合のポイントは，

① どうして退職勧奨されるのか（なぜ私が？）という点について理解してもらうこと
② もし，退職勧奨による合意解約に応じない場合，どのような事態になるのかを理解してもらうこと
③ 事務所からの経済的な優遇措置の有無，金額について，それが相当かについて理解してもらい，自らの進退について判断してもらうこと

です。

　本設問に即して考えますと，①については，すでに，雇用契約書や誓約書により，雇用契約において求められる適性・能力が明らかにされ，採用される職員も自らがそのような適性・能力がないとされた場合に雇用契約を継続できないことについて，雇用契約締結当初から認識していると解されるようにするということです。そうなれば，実際に就労後において自らの働きぶりで，求められている適性・能力に欠けると判断される事象が生じていることについて，事

務所から明確にその事実を摘示し（この摘示のためには，職員に問題があったことを示す客観的な資料（ミスを示すものや他の職員からのクレームの資料，指導記録等）は持っておくべきでしょう），当該職員がその事象について認識できるのであれば，どうして事務所から退職勧奨されるのかについて，納得はできないとしても理解することはできると思われます。

　そして，②については，当該職員が退職勧奨に応じない場合でも，事務所として，やむなく解雇を考えざるを得ないし，解雇も相当と考えるのであれば，その考えを示すことで，当該職員はそのような事態までを想定して，事務所からの退職勧奨を受け入れるのかどうかを当該職員に判断してもらうということです。

　さらに，③については，退職勧奨に当たり，退職一時金等の経済的な優遇措置を行うほうがないよりも職員は退職勧奨を受け入れやすいと思われます。退職後の生活の一助になるからです（その金額については123ページの**Q25**を参照ください）。

　そして，上記の３つのポイントを実行することで，職員本人が，事務所から退職勧奨されることについて致し方ないとの思いを抱き，本意ではないとしてもやむなく退職勧奨を受け入れ，合意退職に応じるというケースが多くなると思われます。

　職員に辞めてもらうに当たり，もめごとにならないよう，採用時に配慮する点としては，繰り返しになりますが，事務所として職員にどのような適性・能力があることを前提として採用するのかを雇用契約書において明らかにする，あるいは事務所が求める適性・能力を有することについて誓約書を事務所に提出してもらう，という工夫をすることが有用でしょう。

Q2　健康状態の確認の可否

　以前採用した職員で，メンタルに不調をきたしている精神疾患の職員がいました（当該職員が前の会社で心の病に罹っていてまだ回復していなかったということは，採用時にわかりませんでした）。職場をかき乱す言動で周りが疲弊してしまったのと，辞めてもらうのが大変でとても困ったことになってしまいました。

　そこで，それ以降，弊社では採用過程で，これまでの病歴についてのアンケートを取ることにしました。

　アンケートでこちらが問題ありと思った就職希望者は採用しませんし，アンケートで病歴がなかったことを踏まえて採用した者が，入社後，問題を生じさせて辞めさせたいとなったときに，アンケートに虚偽があれば辞めさせやすいと考えたからです。

　このようなアンケートを取ることは問題ないでしょうか？

A　病歴は特に知られたくない個人情報です。使用者が採用時に病歴を調査するためには，①業務運営上調査する必要性が認められ，かつ，②その調査の必要性や内容を説明したうえで，同意のもとに行うことが必要です。

　採用を考えている職員に任せる業務が，その性質上神経を使うきめ細やかな業務の場合，相応の精神的な耐性が求められると考えられます。

　したがって，①採用に当たり身体の疾患に加え精神疾患の病歴についても調査する必要性は，業務運営上，認められると解されます。そして，業務に耐えられる心身の健康状態かを確認するために行うアンケートであると説明したうえで，応募者の同意のうえで（つまり任意での回答を

求め），アンケートを取ることは許されると考えます。

解　説

1　採用時に応募者の健康状態を確認することは重要です

　事務所としては，採用後に心身ともに健康で働いてもらうことを求めて採用するのですから，採用後間もなく傷病に罹ってしまい，欠勤や休職に入ることは想定外の事態といえるでしょう。

　そこで，採用時に応募者の健康状態を確認することは事務所にとって極めて重要な事項といえるでしょう。特に，治癒すると再発するおそれが少ない一般の傷病とは異なり，完全に治癒することの難しい精神疾患（以下，「心の病」といいます）について，採用時において応募者の現状，過去の罹患歴についてアンケートを取るなどして調査をしたいという要望自体は十分理解できるところです。

　このようなアンケートなどの調査が許されるのか，許されるとしてどのような事項が必要とされるのかについて，さらに検討します。

2　採用時に一定程度の調査は許されます

　まず，使用者には，どのような労働者を採用するかについて，採用の自由が認められています。そして，そのため，採用する際の調査権も一定の範囲で認められています。昭和48（1973）年に出された最高裁判例でも，採用予定者の思想・信条を調査する権限が認められています。

　もっとも，その後，個人のプライバシー保護が進んだことや，病歴が個人として特に知られたくない情報であると解されてきたことから，使用者の採用時における調査権限には一定の制約があると解されるようになりました。

例えば，平成15（2003）年の裁判例ですが，採用過程において，本人に合意なくしてB型肝炎ウィルス検査を行ったことについて，プライバシー権を侵害するものとして違法と判断されています。また，同時期の別の裁判例では，採用後に本人の同意なくしてHIV抗体検査を行ったことについて違法と判断されています。これらの裁判例は，いずれも調査の必要性が認められないとされた事案です。

　すなわち，B型肝炎ウィルスを保有していることやHIVウィルスのキャリアであることが直ちに職務に就くことが不適切とされるわけではないからです。また，いずれも，本人に検査内容を知らせずに本人の同意を得ずに行った調査でした。

　病歴が個人のプライバシーとして，特に知られたくない情報であることに鑑みると，使用者が採用時に病歴を調査するためには，

① 業務運営上調査する必要性が認められ，かつ，
② その調査の必要性や内容を説明したうえで，同意のもとに行うこと

が必要でしょう。

　ご質問のアンケート取得が許されるかについての検討をします。採用を考えている職員が有資格者（公認会計士，税理士等）はもとよりそうでない職員でも，任せる業務である会計業務ないしその補助業務はいずれもその業務の性質上神経を使うきめ細やかな業務です。

　そのため，職員には身体の健康に加え，相応の精神的な耐性が求められます。したがって，①については，業務運営上，採用に当たり身体の疾患に加え心の病の病歴についても調査する必要性は認められると解されます。

　そして，②については，例えば，「身体の健康状態に加え，採用後の職員の職務の性質上，相当程度の精神的な負荷が認められるため，業務に耐えられる心身の健康状態かを確認するために質問するものです。よろしければお答えく

ださい。答えたくない場合は記載いただかなくても結構です」として，調査の必要性を説明し，応募者の同意のうえで（つまり任意での回答を求め），過去の心身の病歴（身体上の疾患，心の病）の有無，内容，現在の通院状況などについてアンケートを取ることは許されると考えます。

　なお，事務所から応募者に，調査の必要性を説明し，任意での回答を求めたところ，ある応募者には，同意いただけず，回答されなかったということが起きるかもしれません，この場合，事務所として心身ともに健康な応募者を採用したいと考えることは極めて自然であることから，回答されなかったことを採用の合否を決める際の一事情として考慮することは決して不合理ではないと思います。

3　アンケートに虚偽記載があった場合，解雇が可能となる場合もある

　前記2のようにアンケート調査を行った結果，採用に至った後，その職員が心身とも健康に就労しているのであれば問題はありません。

　しかしながら，採用後すぐさま心の病に罹り，調べてみると，当該職員が実は採用時の前の会社で心の病に罹ってまだ回復していないにもかかわらず，アンケートには心の病の病歴なしとの記載をしていたことが判明した，といったいわゆる病歴詐称をしていたといったケースも起きるかもしれません。この場合はどうでしょうか？　病歴詐称を理由に解雇できるか，という点について検討してみます。

　この点について，たとえば，視力障害があるのにもかかわらず，履歴書の健康状態の欄に「良好」と記載していた場合について，総合的な健康状態の良し悪しには直接関係せず，持病とも言いがたく，視力障害が具体的に重機運転手としての不適格性をもたらすとはいえないとして，障害があることを告げずに雇用されたことが，懲戒解雇事由ないし普通解雇事由に該当するとまではいえないと判断した裁判例があります。

このように，病歴の秘匿について，懲戒解雇ないし普通解雇が認められるためには，

① 重大な疾病で，使用者に労働力の評価を誤らせるようなものであること
② そのような病歴を知っていたならば採用しなかったであろうといえるようなものであること

が必要と解されています。以下，本設問に即して検討してみます。

① 重大な傷病で，使用者に労働力の評価を誤らせるようなものであること	② そのような病歴を知っていたならば採用しなかったであろうといえるものであること
会計事務所の職員の職務の性質上，相当程度の精神的な負荷が認められるため，業務に耐えられる心身の健康状態が求められ，しかも，心の病は完治するということが難しいとされています。いわんや，ご質問のケースのように，当該職員が実は前の会社で心の病に罹っていて，採用時においてまだ回復していなかったというような場合においては，当該職員が秘匿した心の病は，事務所の採用においてその労働力の評価を誤らせる重大な疾患であったといえます。現にその疾患により労働力の提供が不十分となり，事務所の業務に支障が生じています。	事務所もそのような病歴を知っていれば採用しなかったであろうと考えられます。

したがって，このような場合，そのような職員に対する懲戒解雇（就業規則の懲戒解雇事由に「経歴その他採用時の説明，提出資料に虚偽があった場合」

などの該当事由が定められている場合）や普通解雇（就業規則の普通解雇事由に「その他，雇用を継続し難い事由が生じた場合」などの該当事由が定められている場合）を行うことができるだろうと考えます。

参考情報

採用時の応募者の情報収集には制約がある！

採用時の情報収集について，職業紹介や労働者供給について定める職業安定法の指針などでは次のような制約があるとされています。

> 次のような個人情報を収集してはならない。<u>但し，特別な職業上の必要性が存在するなど業務の目的の達成に必要不可欠で合って，収集目的を示して本人から収集する場合はこの限りではない。</u>
> イ．人種，民族，社会的身分，門地，本籍，出生地その他社会的差別の原因となるおそれのある事項
> 　～具体的には，本籍，出生地に関する事項，家族に関する事項（職業，収入，資産等），本人の資産等の情報（税金，社会保険の取扱い等労務管理を適切に実施するために必要なものを除く）
> ロ．思想及び信条
> 　～宗教，支持政党，人生観，生活信条，購読新聞等
> ハ．労働組合への加入状況
> 　～労働組合の活動歴，学区制運動などの社会活動等

上記について，例えば，採用時において，本人から借入等の資産状況を聞くことは許されるか，という点も問題となります。

この点に関しても，病歴を尋ねる場合と同様，①業務運営上，採用に当たり借入等の資産を調査する必要性がある場合（典型的には，現金等金銭に関わる業務に携わる等）で，②その調査の必要性や内容を説明したうえで，同意のもとに行うのであれば，許されると解されます。

Q3　早期離職の防止策

会計事務所の人材は売り手市場です。新入社員の引き留めや，長期雇用（5年以上に期待）実現のためにできる施策があれば教えていただけないでしょうか。

A　一般に，離職理由の上位に挙げられているのは，①労働時間，休日，休暇の条件がよくない，②人間関係がよくない，③仕事が合わない，の3つです。　このような一般的に離職理由として挙げられている事由に照らして，果たして事務所においてなかなか長期に勤続してもらえない理由を検討し，問題点がどこにあるのかを分析して，問題点に沿った対応を考える必要があります。

解　説

1　短期間での離職による事務所の損失

新規採用であれ中途採用であれ，会計事務所の採用活動は相応のコスト（採用情報誌等への掲載の費用に限らず，採用にかかる職員の人件費等）をかけていることに加えて，採用後業務に慣れるまでの間，先輩職員や上長（有資格者等）が多くの時間を割いて，指導・教育するなどをして新入社員を育てていることと思います。

このような育成をしてこれから一人前の職員として活躍を期待しているにもかかわらず，退職されるのは，事務所にとって採用に費やしたコスト・育成が

無に帰することになり，大きな痛手となります。そこで，できる限り採用した職員に長く勤めてもらえるような職場環境の整備は，事務所を支える人材確保のうえで大きな課題といえるでしょう。

2　離職理由の把握が重要

　事務所に長く勤めてもらうため，つまり，短期間での離職を防止するためには，どうして短期間で離職してしまうのかを，当該事務所の問題として個別具体的に把握する必要がありましょう。

　例えば，「給与が他の事務所のほうが良いから」といった，労働条件が他の事務所より低いことが理由であれば，そのように他の事務所並みの労働条件にしなければいけない，ということになるでしょう。

　しかし，実際に給与を他の事務所並みに高めることができない，というのであれば，それ以上の賃金アップは望めません。ご事務所が採用当初からそのような給与条件であることを提示し，本人もそれを承知のうえで応募し，採用されているはずです。それでも，他の事務所の給与額を望むのであれば，事務所としてそれは仕方がない（つまり引き留め策は事実上ない）ということかと思います。

　これに対し，給与以外の事情により離職するというのであれば，その原因ごとに事務所としてできる限りの改善が望めると考えます。

　離職理由の一般的な傾向についてお話しします。独立行政法人労働政策研究・研修機構（JILPT）の「調査シリーズNo.164　2017年2月『若年者の離職状況と離職後のキャリア形成』」によると，平成28（2016）年2月から3月において，21歳から33歳で正社員として勤務した経験が1回以上ある人を対象に，新卒3年以内に離職した人の離職理由の調査結果が示されています。これによると，離職理由とその割合は以下のとおりです（**図表1**，これを説明の便宜上「調査1」といいます）。

図表1 「初めての正社員勤務先」を離職した理由（MA，性別，新卒3年以内離職者）

男性	高校卒 順位	%	専修・短大・高専卒 順位	%	大学・大学院卒 順位	%	全体 順位	%
労働時間・休日・休暇の条件	2	31.1%	2	32.1%	1	34.9%	1	34.0%
自分がやりたい仕事とは異なる	6	23.0%	3	26.4%	2	31.8%	2	29.9%
肉体的・精神的健康を損ねた	4	29.5%	6	22.6%	3	31.1%	2	29.9%
人間関係がよくなかった	1	32.8%	6	22.6%	4	27.4%	4	27.5%
仕事が上手くできず自信を失った	4	29.5%	3	26.4%	5	25.8%	5	26.4%
賃金の条件	2	31.1%	3	26.4%	6	22.6%	6	24.3%
キャリアアップ	8	19.7%	1	35.8%	7	20.8%	7	22.5%
会社に将来性がない	7	21.3%	8	15.1%	8	19.8%	8	19.4%
ノルマや責任が重すぎた	8	19.7%	10	9.4%	10	17.9%	10	17.1%
希望条件に合った仕事が見つかった	12	4.9%	9	13.2%	9	18.6%	10	16.0%
学んだ事、技能・能力が活かせられない	10	8.2%	11	7.5%	11	11.9%	11	10.9%
倒産、整理解雇、希望退職	10	8.2%	13	5.7%	12	6.6%	12	6.7%
通勤困難	12	4.9%	14	3.8%	13	3.1%	13	3.5%
結婚・出産	14		12	5.7%	14	1.6%	14	1.9%
介護・看護	15		15		15	.9%	15	.7%
その他				3.8%		2.5%		2.3%
N		61		53		318		432

女性	高校卒 順位	%	専修・短大・高専卒 順位	%	大学・大学院卒 順位	%	全体 順位	%
肉体的・精神的健康を損ねた	2	33.1%	1	37.7%	2	33.2%	1	34.3%
労働時間・休日・休暇の条件	3	28.5%	2	35.8%	1	34.2%	2	33.2%
人間関係がよくなかった	1	34.4%	3	29.1%	4	27.7%	3	29.7%
結婚・出産	6	21.2%	5	25.8%	3	28.0%	4	25.8%
自分がやりたい仕事とは異なる	4	27.8%	6	21.9%			5	23.4%
仕事が上手くできず自信を失った	5	27.2%	6	21.9%	6	20.3%	6	22.3%
ノルマや責任が重すぎた	8	13.9%	6	21.9%	6	20.3%	7	19.1%
賃金の条件	7	17.9%	4	27.8%	9	14.8%	8	18.7%
会社に将来性がない	9	12.6%	9	18.5%	8	15.1%	9	15.3%
キャリアアップ	11	8.6%	10	13.9%	10	13.5%	10	12.4%
希望条件に合った仕事が見つかった	10	9.3%	11	9.3%	11	12.0%	11	10.7%
学んだ事、技能・能力が活かせられない	12	6.0%	12	6.6%	13	5.8%	12	6.1%
通勤困難	12	6.0%	13	2.0%	12	6.2%	13	5.1%
倒産、整理解雇、希望退職	14	5.3%	13	2.0%	14	3.7%	14	3.7%
介護・看護	15	.7%	15	.7%	15	1.2%	15	1.0%
その他		2.0%		2.0%		1.5%		1.8%
N		151		151		325		627

※高校卒には高校中退、専修学校・短大・高専中退、大学中退を、大学・大学院卒には大学院中退を含む
※全学歴の回答率より5ポイント以上高い場合を網掛け、低い場合を強調した
※回答がなかったセルは％を示さず空白とした
※各選択肢の文言は図表5−1①の文言を省略したものを示した

（出所）独立行政法人労働政策研究・研修機構（JILPT）「調査シリーズNo.164　2017年2月『若年者の離職状況と離職後のキャリア形成』」

Q3 早期離職の防止策

【男性】

1 位　労働時間・休日・休暇の条件がよくなかったため（34.0％）

2 位　自分がやりたい仕事とは異なる内容だったため（29.9％）

3 位　肉体的・精神的に健康を損ねたため（29.9％）

4 位　人間関係がよくなかったため（27.5％）

【女性】

1 位　肉体的・精神的に健康を損ねたため（34.3％）

2 位　労働時間・休日・休暇の条件がよくなかったため（33.2％）

3 位　人間関係がよくなかったため（29.7％）

　また，内閣府が平成29（2017）年10月27日から同年11月13日までの間に全国の16歳から29歳までの男女（有効回答数10,000）に実施したインターネット調査「特集　就労等に関する若者の意識」によると，最初の就職先（初職）の離職理由とその割合は次のとおりです（**図表2**，これを説明の便宜上「調査2」といいます）。

1 位　仕事が自分に合わなかったため（43.4％）

2 位　人間関係がよくなかったため（23.7％）

3 位　労働時間，休日，休暇の条件がよくなかったため（23.4％）

　調査1及び調査2で共通して離職理由の上位に挙げられているのは，①労働時間，休日，休暇の条件がよくない，②人間関係がよくない，③仕事が合わない，です。このうち①の労働時間が長く，休日や年次有給休暇がなかなか取れず，過重労働となると，調査1の離職理由で上位にある「肉体的・精神的健康を損ねた」にも至るおそれもあります。

　このような一般的に離職理由として挙げられている事由に照らし，果たして事務所においてなかなか長期に勤続してもらえない理由，問題点がどこにあるのか，を検討してほしいと思います。

図表2　初職の離職理由

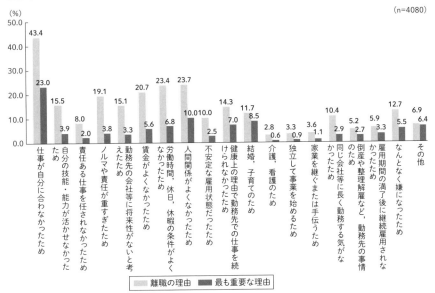

(%)　　　　　　　　　　　　　　　　　　　　　　　　　　　(n=4080)

- 仕事が自分に合わなかったため　43.4 / 23.0
- 自分の技能・能力が活かせなかったため　15.5 / 3.9
- 責任ある仕事を任されなかったため　8.0 / 2.0
- ノルマや責任が重すぎたため　19.1 / 3.8
- 勤務先の会社等に将来性がないと考えたため　15.1 / 3.3
- 賃金がよくなかったため　20.7 / 5.6
- 労働時間，休日，休暇の条件がよくなかったため　23.4 / 6.8
- 人間関係がよくなかったため　23.7 / 10.0
- 不安定な雇用状態だったため　10.0 / 2.5
- 健康上の理由で勤務先での仕事を続けられなかったため　14.3 / 7.0
- 結婚，子育てのため　11.7 / 8.5
- 介護，看護のため　2.8 / 0.6
- 独立して事業を始めるため　3.3 / 0.9
- 家業を継ぐまたは手伝うため　3.6 / 1.1
- 同じ会社等に長く勤務する気がなかったため　10.4 / 2.9
- 倒産や整理解雇など，勤務先の事情のため　5.2 / 2.7
- 雇用期間の満了後に継続雇用されなかったため　5.9 / 3.3
- なんとなく嫌になったため　12.7 / 5.5
- その他　6.9 / 6.4

凡例：■ 離職の理由　■ 最も重要な理由

(注) 最初の就業先を離職した者について，「離職の理由について教えてください。」の問いに対する回答。

(出所) 内閣府ウェブサイト　「特集　就労等に関する若者の意識」

3　離職理由に応じた対応策の構築・実践が重要

(1) 労働時間，休日，休暇の条件がよくない

　前述したとおり，長時間労働，休日の少なさは，ひいては肉体的・精神的に健康を損なうことにもなりかねません。昨今，共働きの増加や少子化対策という面からもワークライフバランスが提唱され，企業にはその配慮が求められています。

　会計事務所においても，採用した人材の確保という点から，職員の労働時間が長時間化しないよう，業務量や業務方法の見直しを進めている事務所も少なくありません。また，できる限り年次有給休暇の取得を推奨し，その取得率向

上を図っている事務所もあります。

　さらに，決められた業務をこなし，できる限り定時での終業を希望する職員と，部下を持ち労務管理を含めラインとして活躍したいという職員と，それぞれコース別の管理をして，それぞれのライフプランに沿った働き方ができるよう配慮している事務所もあります。

　小規模の事務所は人員が限られているため，こうした配慮はなかなかできないという声をお聞きすることがありますが，職員の方々はご事務所の状況を十分理解されていると思います。そのような状況の中でも，事務所ができる限り有給休暇を取得できるよう注力されている場合には，たとえ大規模事務所のような日数の取得にならないとしても，職員は，そのような事務所からの配慮をありがたいと感じ，理解するのではないかと考えます。

⑵　人間関係がよくない

　職場の上司，同僚等との人間関係がよくないという点について，特に問題となるのはやはり昨今労働問題となるケースが増えている，いわゆる職場内でのいじめ，嫌がらせ等のパワーハラスメントやセクシャルハラスメント等のハラスメントです。このようなハラスメントが発生しないような職場の環境整備と，いったんハラスメントが起きてしまった職場でのハラスメント撲滅など，職場環境の迅速な整備が極めて重要です。

　そのため，まず，ハラスメントが生じないように，就業規則においてハラスメント禁止，ハラスメント行為者への懲罰を明確に規定するとともに，ハラスメントをしないよう職員に研修するなどの啓蒙が肝要です。さらに，いったんハラスメントが生じた場合には，被害者が相談できる体制（相談の宛先を明確にする等）を作って，ハラスメントの事実を確認した場合，迅速に調査を行い，事実に基づき加害者に対する厳正なる処分を行うこと，また，被害者へのケアを行うことも肝要です。

⑶ 仕事が合わない

　仕事が合わない，と考える背景には，仕事についていけない，あるいは自分としては仕事ができているつもりでも上司からの評価に納得がいかない等，仕事を継続していくことに自信や意欲がわかない，ということが考えられます。

　大企業のように，仕事内容が多岐にわたり，企業内での異動が容易な場合であれば，本人がより能力を発揮できる業務に異動させることを1つの選択肢として検討できるのでしょうが，会計事務所の場合は他の業務に就かせることはなかなか容易ではありません。

　そこで，採用後に就く業務について，新人職員にやりがいを持ってもらうとともに業務遂行能力を向上させるために，例えばマンツーマンで特定の先輩が新人職員の指導役として付く，という体制を設けている事務所もあります。

　少なくとも，事務所の経営者や先輩職員が，せっかく採用した人材はその能力をより伸ばして将来の戦力になってほしいと願って，大切に育てる気持ちは新人職員に通じるものです。

　逆に，事務所の経営者や先輩職員が新人職員を大事に思っていないとすれば，そのような気持ちもまた新人職員に感じ取られてしまうものです。相手を大事に思う心があれば相手もそのような心を抱きます。

　新人職員ですから失敗もするでしょう。その際に，理由も聞かず一方的に叱責するのは控えましょう。叱責する前にどうしてそのような失敗をしたのか本人に確かめ，原因に即した対応を取ることが肝要かと思います。

　失敗が起こったとき，能力不足と判断する前に，その原因を調べたら，過去の職務経歴との関係で，本人が経験した仕事の仕方が，当事務所と異なっていたためである，ということもあります（職員の能力については，123ページ **Q25**も参照）。このような場合，本人が当事務所の仕事の仕方をつかめば，本来の能力を発揮してもらえる可能性があります。仕事の仕方について指導教育を重ねることが有用であり，頭から能力不足と判断するのはまだ早い，ということもあるのです。

最後に，評価について本人が納得がいかない場合について考えます。できれば人事評価について本人とコミュニケーションを取る機会（面談等）を設けるべきでしょう。

　人事評価の意義は，公正な評価による昇給や賞与の支給という人事措置の公正さを保つという点と，本人にさらに改善すべき点を伝えて今後の成長を図る点にあります。単に人事評価を本人に伝えるだけでは，後者の意義が発揮できません。

　ぜひ，人事評価について面談等で本人に評価の根拠を理解させ，今後の改善，成長につなげましょう。このようなコミュニケーションがあれば，本人の納得性もより高まると考えます。

第 **2** 章

労働条件・待遇

. . . .

Q4　賞与と退職の時期

　前職で大手会計事務所にいたAを，本人が公認会計士ということで税理士の給与相場より200万円も高い報酬で弊社では中途採用しました。しかし，弊社ではAによるトラブルが多く生じたため，本人も納得のうえ，3月末にAに退職してもらい，Aは4月から別の事務所に移りました。

　その後，この元職員となったAから弊社に，弊社の夏の賞与について「算定期間の昨年10月から今年の3月末まで在籍していたので，その在職6か月分の未精算分を払ってもらいたい」との要求があって呆れました。年収を採用通知で示していた場合，未経過賞与は支払うべきでしょうか？

　なお，弊社の就業規則には，賞与支給時に在籍していない者には賞与を支給しないという規定があります。

A　ご質問では，年収の定め方が不明です。仮に，賞与額が一応の理論値として明示はされているものの，会社の業績や本人の勤務成績等で変動することがあるような場合は，支給日在籍条項を理由として賞与の支払いを拒むことは可能であると解されます。

　他方，例えば採用当初から，年俸を16分割し，年2回の賞与の際に，それぞれ年俸の16分の2ずつを賞与として支給する，という固定額を支給する賞与の取り決めをしていた場合，支給日在籍条項を理由に支給を拒むのは難しいように思います。

解　説

1　賞与とはどのようなものか？

　賞与とは，一般に，年に1回ないし数回（例えば，夏季と冬季など）に分けて，企業の業績等を勘案して支給されるものです。

　賞与の支給が就業規則等に定められているような場合，賞与はその支給対象期間の勤務に対応する賃金と解されます。その性質は，一般に，その間の功労報償的な意味に加え，生活保障的意味や将来の労働への意欲向上策としての意味も込められていると解されます。

　そして，就業規則等において賞与の算定基準や算定方法（例えば，会社の経営状況や対象期間における本人の勤務成績等から具体的な支給額を決定する，など）が定められているような場合，定められた算定基準や算定方法に従った査定（例えば，当人の成績査定等）がなされてはじめて労働者が賞与の支払請求ができるものと解されています。

　この賞与の支給基準や算定方法は，労使間の合意ないし使用者の決定により自由に定めることができます。ただし，賞与の支給要件の内容は合理的でなければならず，差別的取扱いや合理的理由を欠く取扱いは許されません。

2　賞与の支給日在籍条項も有効となる場合がある

　では，賞与の支給日に在籍することを賞与の支給要件とする就業規則の規定（一般にこの規程を「支給日在籍条項」といいます）により，賞与請求を拒むことは可能でしょうか？　ご質問の場合，賞与の支給日在籍条項の有効性が問題となります。

　この点に関し，最高裁判所は，自発的な退職の事案ですが，支給日在籍条項は，合理的理由があり有効と解し，賞与の不支給を認めています。また，定年退職や，労働者に不正な営業経費の請求や業務命令違反等の問題がある場合の

普通解雇（懲戒解雇でない一般的な解雇のことを「普通解雇」といいます）について，支給日在籍条項による賞与不支給を認めた裁判例もあります。さらに，支給日以前に懲戒解雇された労働者への賞与不支給を認めた裁判例もあります。

　他方，労働者に非もなく，退職時期を選択できない整理解雇（企業の経営悪化等による人員削減の必要から解雇されるもの）について，支給日在籍条項を適用するのは不合理であるとした裁判例もあります。学説では，定年退職についても，労働者には非もなく，また，退職時期を選択できないとして，支給日在籍条項を適用するのは不合理であるとの批判も多いところです。

　では，年俸制で支給する賞与額が労働契約であらかじめ定まっているような場合も，この支給日在籍条項が有効だとして賞与の支払いを拒むことはできるのでしょうか？

　ご質問のケースは，年収の定め方が不明です。仮に，例えば，年俸を16分割し，年2回の賞与の際に，それぞれその2を支給する，として採用当初から賞与として固定額を支給する取り決めとしていた場合，この賞与の性質は，賃金の後払いの性質が強く，支給日在籍条項の合理性については疑問が生じます（これに対し，賞与額が決まっていない場合は，支給日在籍条項を理由として賞与の支払いを拒むことは可能と解されますが）。

　なお，賞与支給日前に解雇，あるいは退職を余儀なくされた場合について，その勤務期間の割合に応じて賞与請求を認めた裁判例もあります。また，2020年4月1日から施行された改正民法において，労働者はすでにした履行の割合による報酬の請求ができるという条項が明文化されたことにより，労働契約等により支払いが特定されているなど賃金の後払い的な性格が強いと認められる場合には，中途で退職した労働者が退職日までの賞与を割合的に請求できる根拠になりうるとの意見もあり，今後の裁判所の判断が注目されます。

　以上の点に鑑みますと，ご質問のケースで，仮に採用当初から賞与として固定額を支給することが取り決められていた場合には，支給日在籍条項を理由に支給を拒むのは難しいように思います。

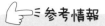参考情報

契約書における年収の表示に注意を！

　年収のうちの賞与を固定額で認めてしまうとその請求について権利性を帯びてしまいます（33ページの解説2参照）。そこで，賞与額は会社の業績，本人の勤務成績等から変動する場合があり，それにより年収も変わる場合があることを明示しておくべきです。

Q5　年俸制と割増賃金

弊所ではスタッフの年棒は1,000万円（15等分して月給，賞与で支給しています）としています。

勤務時間は朝9時〜夕方5時ですが，確定申告時期や3月決算法人の税務申告など繁忙期の業務は朝9時〜夜9時になることもあります。なお，その場合も，残業代は特に支給していません。この点，問題はないでしょうか？

 ご質問のケースでの賃金の取扱いには，問題が発生するおそれがあります。

単に年俸制を採用するだけでは，労働基準法が定める時間外，休日，深夜労働の割増賃金の支払を免れることはできません。

また，時間外等の割増賃金を基本給や手当などに含めて支払う，いわゆる割増賃金の定額払いというものがありますが，この定額払いが有効となるためには，①基本給ないし手当として割増賃金を支払うことが労働契約上明らかであり，かつ，②割増賃金相当分と通常の労働時間に対応する賃金部分とが明確に区別することができることが必要になります。

解　説

1　労働基準法に定められた割増賃金の支払義務

労働基準法では，変形労働時間制など法が認める例外の場合を除き，1日8

時間，週40時間を超えて労働させることはできません。ただし，当該事業場の過半数の労働者で組織される労働組合があればその労働組合と，そのような労働組合がない場合は過半数を代表する者との書面による労使協定（このことを36協定といいます）を締結して労働基準監督署に届け出た場合においては，この36協定に定める内容に従い，労働時間を延長し，または休日に労働させることができます。

　また，このように延長させた労働時間での労働や休日労働については，労働基準法により会社は当該労働者に対し，割増賃金を支払わなければなりません。

　さらに，深夜の時間帯（午後10時～翌日午前5時まで）に労働した場合は，深夜割増賃金を支払う必要もあります。

　支払う割増賃金の内容及びその計算方法は以下のとおりです。

⑴　割増賃金の割増率

時間外労働	法定労働時間（1日8時間または1週40時間）を超えた場合	1か月45時間まで	25％増以上
		1か月45時間を超えて60時間まで	25％を超える（努力義務）
		1か月60時間を超えた場合	50％増以上（※）
休日労働	法定休日に勤務した場合	35％増以上	
深夜労働	午後10時～翌日午前5時の間に勤務した場合	25％増以上	

☆重複した場合の割増率
● 時間外かつ休日：35％増以上（時間外かつ休日はあくまでも休日労働）
● 時間外かつ深夜：50％あるいは75％増以上
● 休日かつ深夜　：60％増以上（深夜帯の場合は時間帯に着目した割増なので割増率を足す）
（※）時間外60時間超の割増率50％は大企業に適用。中小企業は，令和5年（2023年）4月施行予定。

Q5　年俸制と割増賃金

⑵ 割増賃金の算定方法

時間給の場合	時間給×割増率×時間外・休日・深夜労働時間数
月給の場合	月給額（※）÷1か月所定労働時間数（月によって異なる場合には，1年間における1か月平均所定労働時間数）×割増率×時間外・休日・深夜各時間数 （※）割増賃金の算定基礎となる基準内賃金
請負給の場合（出来高払い制のこと）	賃金算定期間の賃金総額÷当該期間の総労働時間数×割増率×時間外・休日・深夜各時間数

2　法内残業の場合の割増賃金は規定による

　まずは，ご質問のケースで法内残業（労働基準法の定める1日8時間の法定労働時間までの残業）を考えてみます。

　ご事務所は，休憩時間（1時間）を入れた拘束時間が午前9時から午後5時までなので，ご事務所の所定労働時間は7時間です。労働基準法が定める8時間以内の割増賃金がどうなるかは労働契約書や就業規則の定め等による労働契約の内容いかんによります。

　例えば，割増賃金をつけず，単に1時間当たりの基礎単価に法内残業の時間を乗じた額で計算するという方式をとる企業もあれば，労働基準法で定められた法定時間外労働の割増賃金と同様の割増率で計算するという方式をとる企業もあります。

　ご事務所の法内残業の割増賃金額の計算は，ご事務所における労働契約の内容いかんで決まります。

3　年俸制の採用自体では割増賃金の支払義務は免れない

　では，年俸制を採用していることで，時間外，休日，深夜の割増賃金を支払

う必要性はなくなるのでしょうか？　答えは否です。年俸制それ自体には，時間外等の割増賃金の支払を免れさせる効果はありません。

4　年俸制における賞与が割増賃金の算定基礎に入ることもある

　一般に賞与が割増賃金の算定基礎から除外されているのは，賞与が，法が算定基礎から除外する賃金である，「1か月を超えて支給される賃金」に当たるとされているからです。しかし，賞与とされていてもあらかじめ支給額が確定しているものはこれに当たりません。

　したがって，毎月払い部分と賞与部分とを合計してあらかじめ年俸額が確定している年俸制の場合，賞与を含めて確定している年俸額を算定の基礎として割増賃金を支払う必要があります。この点について，行政通達でも同様の解釈がなされています。

　ご質問のケースでも，スタッフの年棒を1,000万円とし，それを15等分して月給と賞与で支給しているとのことですので，賞与を含めた年俸額の12分の1を月における所定労働時間（月によって異なる場合には，1年間における1か月平均所定労働時間数）で除した金額を基礎とした割増賃金を支払う必要があります。

5　割増賃金をあらかじめ年俸制に含めて支払うことが認められる場合がある

　なお，時間外等の割増賃金を基本給や手当などに含めて支払うことがあります。これを割増賃金の定額払いといいます（「固定払い」ともいいます）。

　この定額払いが有効となるためには，

①　基本給ないし手当として割増賃金を支払うことが労働契約上明らかであり（これを対価性といいます）

かつ，

② 割増賃金相当分と通常の労働時間に対応する賃金部分とが明確に区別することができること（これを明確区分性といいます）

が必要です。

　年俸制の場合，その年俸（12等分その他で等分したとして支給するその月額給与）に時間外等の割増賃金が含まれているということが労働契約上明確であるとして上記①の対価性が認められたとしても，そのうち，いくらが割増賃金部分でいくらが通常の労働時間に対応する賃金部分か，あるいは基本給や手当において何時間分の時間外割増が含まれているのか，という点が明らかでないと上記②の明確区分性を認めることができません。

　この場合には，年俸制の賃金を支給したこととしても，時間外等の割増賃金を支給したことにはなりません。

　ご質問の場合も，年俸制により支給される月額給与において労使双方の認識で時間外等の割増賃金が含まれていると解されているとすれば上記①の対価性は認められるでしょう。また，双方の認識で，ある一定の時間労働時間数（例えば，月間45時間分等）が含まれている，あるいはある一定の金額が時間外等の割増賃金として支給されている，と解される事案であれば上記②についても認められる可能性があると思います。

　ただ，②について双方の認識が共通しているとは解されない場合は十分にあり得ますので，何時間分，あるいはいくら分の時間外・休日・深夜労働の割増賃金が含まれているのかを労働契約上書面で明らかにしておくこと（例えば，就業規則及び労働契約書において明示する）が肝要でしょう。

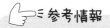 参考情報

就業規則と労働契約書の関係

　例えば，ある会社の就業規則には，「基本給には月30時間分の時間外労働の割増賃金が含まれている」という割増賃金の定額払いの規定があるとします。一方で，労働契約書においては，そのような規定がなく，単に法定の割増賃金を支払う旨の規定がある場合，労働契約のほうが労働者にとって有利な労働条件を定めるものとして，就業規則に優先して適用される可能性があります。

　そこで，割増賃金の定額払いの規程を設ける場合においては，就業規則において規定するのみならず，労働契約書においても就業規則と同様の規定を設ける，あるいは就業規則に定める割増賃金の定額払いの規定が適用されることを明示しておく必要があることに留意しておきましょう。

Q5　年俸制と割増賃金

Q6 　割増賃金と管理監督者

弊所は数名の役員（法律上の社員）が仕事を取ってきて，その仕事をマネージャー職以下でこなす（割り当てられた仕事を決まった納期（申告期限）までに仕上げることが中心業務になります）というスタイルです。
この場合のマネージャー職は管理監督者に該当するでしょうか？

A 　部下の労務管理における指揮監督権限があって，自己の出退勤をはじめとする労働時間について裁量権がある，さらに，一般の職員に比しその地位と権限にふさわしい賃金（基本給，手当，賞与）上の処遇を受けている場合には管理監督者に該当すると解されます。一方で，これらの要素を欠く場合には，管理監督者に該当しないと判断されるおそれが高いと考えます。

解　説

1　管理監督者には，時間外，休日の割増賃金の支払いは不要

　労働基準法37条により，労働者の，①法定労働時間（1日8時間，週40時間）を超えた時間外労働，②法定休日に労働した休日労働，あるいは，③深夜（午後10時〜翌朝5時）まで労働した深夜労働には，使用者は原則として法所定の割増賃金を支払う必要があります。
　もっとも，その例外として，同法41条2号により労働者が管理監督者に該当する場合，上記のうち，①の時間外労働及び②の休日労働について割増賃金を

支払う必要はありません（管理監督者であっても③の深夜割増賃金の支払いは必要です）。

　これは，管理監督者が事業主に代わって労務管理を行う地位にあり，労働者の労働時間を決定し，労働時間に従った労働者の作業を監督する立場にあり，自らの労働時間を自らの裁量で律することができ，かつ管理監督者の地位に応じた高い待遇を受けるので，労働基準法が定める労働時間・休憩・休日の規制を適用するのが不適当と考えられたからです。

2　管理監督者に該当する労働者とは

　では，管理監督者に該当する労働者とはどのような人をいうのでしょうか？
　これまでの裁判例や行政実務において，一般に次のように解釈されています。
　すなわち，管理監督者とは，労働条件の決定その他労務管理において経営者と一体の立場にある者をいい，名称にとらわれず，実態に即して判断すべきであり，その判断要素として，

① 事業主の経営に関する決定に参画し，労務管理に関する指揮監督権限が認められていること
② 自己の出退勤をはじめとする労働時間について裁量権を有していること
③ 一般の従業員に比しその地位と権限にふさわしい賃金（基本給，手当，賞与）上の処遇を与えられていること

が挙げられ，これらの判断要素を満たすか否かから判断されています。

　この判断要素のうち，①については，ファーストフード・チェーン店の店長について，企業全体の経営方針に関与をしていないとして管理監督者性を否定した裁判例もありますが，管理監督者は担当する組織について，経営者の分身として経営者に代わって管理を行う立場にあり，その管理を通じて経営に参画することが「経営に関する決定に参画」するものと評価すべきとの考えも有力

です。

　この点から，管理監督者の判断基準を明確化する裁判例もあります。例えば，管理監督者について，①職務内容が少なくとも部門全体の統括的な立場にあること，②部下に対する労務管理上の決定権限等につき一定の裁量権を有し，人事考課・機密事項に接していること，③管理職手当などで時間外手当が支給されないことを十分に補っていること，④自己の出退勤を自ら決定する権限があること，という判断基準で判断している裁判例があります。

　いずれにしても，管理監督者に該当するためには，その職責上，少なくとも部下の労務管理における指揮監督権限（例えば，出退勤，有給休暇取得等に関する監督権限や人事考課における権限等）が認められ，実際に部下の労務管理を行っている必要があるといえます。

3　ご質問のマネージャーが管理監督者に当たる場合とは

　ご質問のマネージャーは，役員から割り当てられた仕事を決まった納期（申告期限）までに仕上げることが中心業務とのことでした。部下に対する指揮命令権限があるということは認められると思いますが，部下の労務管理における指揮監督権限があるかどうか，また，自己の出退勤をはじめとする労働時間について裁量権があるかどうか，さらに，一般の職員に比しその地位と権限にふさわしい賃金（基本給，手当，賞与）上の処遇を受けているか，明らかでありません。

　これらの要素が満たされる場合には管理監督者に当たりますが，そうでない場合は，管理監督者には当たらないと考えられます。

Q7　移動時間の労働時間性

　弊社従業員は，顧客が国内の遠隔地，あるいは海外に所在するため，平日の勤務時間前後の時間を顧客訪問の移動時間に充てることがあります。特に海外出張の場合には，土日の時間を利用して飛行機に搭乗せざるを得ない場合があります。

　使用する新幹線や飛行機等交通手段の選定や発着時間の決定，また交通用具内での過ごし方は，本人の自由時間として取り扱っており移動中に余暇を楽しんでいる従業員もいます。このような場合でも超過勤務手当の支給は必要なのでしょうか？

A　移動時間中に業務を命じて行わせた場合や出張において物品の搬送・移動中の物品の監視を命じていたなどの事情はなく，移動交通機関内での過ごし方として，本人の自由時間として取扱っているのであれば，移動時間は労働時間に当たることはなく，超過勤務手当を支給する必要はないと考えます。

解　説

1　労働時間管理は重要です

　労働時間管理は，3つの点で重要です。

　第1に，時間外，深夜，休日労働に至っている場合においては，法定の割増賃金の支払いが必要となるからです。このことはすでに**Q5**でご説明したとお

りです。労働時間を適正に把握し，算定した労働時間に見合った割増賃金を支払っていない場合，労働基準法に基づき，その未払賃金の支払いが必要となるのはもちろん，その支払いが遅れたことについての遅延損害金（令和2年4月からは年3％）の支払いが必要となり，裁判になった場合は，未払賃金，遅延損害金の支払いのほか，制裁金としての付加金（最大で未払い賃金額の同額）の支払いが命じられるおそれもあります。また，代表者等の行為者や当該法人に，労働基準法に基づく罰則が科されるおそれもあります。

第2に，労働者に時間外・休日労働をさせるには，労働基準法に定める手続き（具体的には時間外労働時間や休日労働の上限の枠を労使で協定するいわゆる「36協定」の締結）が必要となります。そして，この36協定の上限には，長時間労働抑制の観点から，法律上の制限が課されています。大企業には2019年4月から，中小企業には2020年4月から適用されているその内容は次のとおりです（66ページ**Q14**参照）。

① 原則として，時間外労働の上限は月45時間・年360時間
② 臨時的な特別な事情があって労使が合意する場合（この合意は「特別条項」とか「特別協定」といわれています）でも，時間外労働は年720時間以内で，時間外労働と休日労働を合わせ月100時間未満，2～6か月平均80時間以内とする（ただし，時間外労働が月45時間を超えることができるのは年6か月まで）

したがって，このような法律上の制限が課された時間を超えた内容の36協定を締結することはできませんし，36協定で定める枠を超える時間外労働等は法律上許されません。これらに反する場合は，代表者等の行為者や当該法人に，労働基準法に基づく罰則が科されるおそれがあります。

第3に，労働者に長時間労働をさせ，健康被害が生じた場合（いわゆる過重

労働による健康被害），使用者に法的責任が発生するおそれがある，という点です。使用者には労働者に労務提供を求めるに当たり労働者の身体，生命の安全に配慮する必要があります。このことを安全配慮義務といいます。

使用者がこの安全配慮義務に違反して労働者が健康を害し，最悪の場合，死に至った（いわゆる過労死，過労自殺）場合，一般に当該労働者や遺族からの損害賠償責任を負うことになります。また，このことは，企業の対外的な信用性の棄損などにもつながりかねません。

2　労働時間に当たる場合とは

労働基準法において「労働時間」の定義についての規定がありません。そこで，最高裁判所は，「労働基準法上の労働時間」について，「労働者が使用者の指揮命令下に置かれている時間」と評価できるか否かにより判断しています。

具体的には，例えば，作業の準備行為について，当該準備行為が使用者から義務付けられ，又は余儀なくされていたかにより，また，ビル管理人の深夜仮眠時間などについて，仮眠室での待機，警報・電話への対応が義務付けられていたかにより，使用者の指揮命令下に置かれていたかどうかを判断し，労働時間か否かを判断しています。

3　移動時間は原則として労働時間に当たらない

では，就業時間外，あるいは休日を利用しての出張先までの移動時間は労働時間に当たるのでしょうか？

この点に関して，休日の移動に関し，「出張中の休日はその日に旅行する等の場合であっても，旅行中における物品の監視等の指示がある場合の外は休日労働として扱わなくても差し支えない」との行政解釈が示されています。

また，出張の際の往復に要する時間は労働者の日常の出勤に費やす時間と同一の性質と考えられるとして労働時間に算入されないと判断した裁判例もあり

ます。つまり，旅行中における物品の監視等の指示がある場合は，前記の物品の監視等が義務付けられ，使用者の指揮命令下に置かれている時間として労働時間に当たりますが，それ以外の場合は，使用者の指揮命令下に置かれた時間とは評価できず，労働時間に当たらないと解されます。

したがって，例えば，移動時間中に業務を命じて行わせた場合や出張において物品の搬送・移動中の物品の監視を命じていた場合などは，移動時間が労働時間に当たる可能性がありますが，そのような事情がなく，移動時間について自由に過ごせるような場合においては，移動時間は労働時間に当たらないと考えてよいと思います。

4　ご質問の検討

ご質問においても，移動時間中に業務を命じて行わせた場合や出張において物品の搬送・移動中の物品の監視を命じていたなどの事情はなく，移動交通機関での過ごし方を本人の自由時間として取り扱っているとのことですので，移動時間は労働時間に当たらないと考え，いわゆる時間外，休日労働等に対する割増賃金として超過勤務手当を支給することは必要ないと考えます。

☞ 参考情報

出張手当の意味

解説で出張の移動時間は原則として労働時間に当たらず，それゆえ，時間外，休日等の割増賃金の支払いは不要であると説明しました。これは，あくまで法律上労働時間には当たらないという意味です。実際には，出張における移動時間は日常の通勤時間よりも長いケースも多く，また，休日に移動する場合には休日の利用が制限されるなど，職員が事実上不利益を被ることは否めません。

そのため，使用者が，出張の実費負担分（交通費等）の補塡を行うことはもとより，このような不利益に対する配慮として何らかの保障的な給付（例えば出張手当）を行う企業は多いと思われます。

Q8 研修時間の労働時間性

　弊所では，研修体制を充実させています。例えば，勤務時間中に開催される外部研修に参加したい従業員は，有給等を取得せずとも勤務扱いで研修を受講させています。このほか, 従業員が主導して開催時期，頻度（平均月2回程度），テーマ，講師を決定した社内研修（参加は希望する従業員のみ）を随時実施しています。

　これまで社内研修についてのルールはこれといってなく，従業員が自発的に推進，運営しているところですが，この度，弊所は「研修時間を勤務時間外にすること」と通知しました。この場合，超過勤務手当の支給義務は生じますでしょうか？

A　任意で参加する研修の研修時間は労働時間に当たらないと解されます。したがって，ご質問のケースで，勤務時間外の研修参加に対し超過勤務手当の支給は必要ないでしょう。研修参加が任意とされていても，その参加が余儀なくされているような場合においては労働時間に当たるおそれがあり，この場合は勤務時間外の研修参加に対し超過勤務手当の支給が必要になると思われます。

解　説

　Q7で説明したとおり，労働時間の該当性は，「労働者が使用者の指揮命令下に置かれている時間」と評価できるか否かによって判断されています。そして，当該対応が使用者に義務付けられている，あるいは余儀なくされている場合，使用者の指揮命令下に置かれた時間と評価され，その対応時間は労働時間

に当たると解されます。

1　研修時間が労働時間に該当する場合がある

　その参加が事務所から義務付けられているような研修の場合，研修時間は使用者の指揮命令下に置かれていると評価され，労働時間に当たると解されます。

　事務所が明確に研修への参加を命じていなかった，つまり，研修は希望する職員を対象とし，参加を任意としても，実際には，その研修内容は業務遂行において必要な情報を取得するためのもので，参加が業務上求められたり，あるいは研修に参加しない職員が人事考課上不利な評価をされる等の事情から参加が余儀なくされているような場合もまた，研修時間は使用者の指揮命令下に置かれていると解され，労働時間に当たると解されます。

　この点について，厚生労働省が示している「労働時間の適正な把握のために使用者が講ずべき措置に関するガイドライン」においても，「参加することが業務上義務づけられている研修・教育訓練の受講や，使用者の指示により業務に必要な学習等を行っていた時間」について労働時間として扱わなければならないとされています。

2　ご質問の検討

　ご質問では，従業員が主導して開催時期，頻度，テーマ，講師を決定した社内研修を随時実施していて，その研修への参加は勤務時間外とする，とのことでした。

　この研修は，開催も従業員が主導し，開催時期，頻度，テーマ，講師を決定しており，事務所が開催しているわけではないこと，参加希望の従業員を対象としていることなどから，この研修に参加している時間は労働時間に当たらないと解されます。勤務時間外の研修参加ですので，超過勤務手当の支給は必要ないでしょう。

ただし，前記1で述べたように，研修参加を任意としていても，実際には，その研修内容は業務遂行において必要な情報取得で，参加が業務上求められたり，あるいは研修に参加しない職員が人事考課上不利な評価をされる等の事情から参加が余儀なくされているような場合は，使用者の指揮命令下に置かれている時間として労働時間に当たるおそれがあります。

　この場合には，勤務時間外の研修参加に対し超過勤務手当の支給が必要になると思われます。

Q9　調べごと，執筆等の労働時間性

　弊所では，スタッフ職の職員に，「みなし残業30時間」（月30時間までの残業代は賃金とは別に残業代として支給されない賃金体系）を設定しています。自己研鑽は業務時間外とし，クライアントからの質問に答えるための調べごとも自己研鑽として労働時間からは外しています。

　また，本業以外の本の執筆やセミナー講師も本人の意思でやらせていますが，これらも労働時間外という扱いにしています。

　このような扱いで問題はないでしょうか？

A　自己研鑽に費やす時間は原則として労働時間に当たりませんが，クライアントからの質問に対し回答するために必要な調べ事は，労働時間に当たると解されます。また，本業以外の本の執筆やセミナー講師も業務以外の私的な活動であれば労働時間に当たりませんが，事務所からの依頼に応じたものである等事情によっては労働時間に当たる場合もあります。

解　説

　労働時間の該当性は，「労働者が使用者の指揮命令下に置かれている時間」と評価できるか否かによって判断されています（45ページの**Q7**参照）。ご質問の場合，調べごとや執筆が使用者から義務付けられている，あるいは余儀なくされている場合，使用者の指揮命令下に置かれた時間と評価され，その対応時間は労働時間に当たると解されます。

1　自己研鑽は原則労働時間とはならない

　自分の業務における実力アップのために自らの意思で文献等で調べごとをする，同僚仲間との勉強会に参加する，外部の研修に参加する等の行為は，使用者の指揮命令下に置かれた時間とは評価できず，原則として労働時間には当たらないと考えられます。

　では，クライアントからの質問に対し回答するために必要な調べごとはどうでしょうか。確かに本人の実力向上にもつながり自己研鑽という面がないとはいえません。しかし，そもそもクライアントに回答するのが業務とすれば，調べごとはその回答に必要な行為として，業務そのものといえます。

　したがって，このような調べごとを自己研鑽として労働時間から外すことはできないものと考えます。

2　本の執筆，セミナー講師に従事する時間が労働時間となる場合もある

　本業以外に，本人の意思で本の執筆をしている時間やセミナーの講師に従事している時間は，業務以外の私的な活動として，使用者の指揮命令下に置かれた時間とは評価できません。したがって，原則としてこのような活動の時間は労働時間には当たらないと考えます。

　ただ，例えば本業以外とはいえ，本の執筆やセミナー講師を事務所の名のもとに行っているような場合，例えば，事務所名で出版する本の執筆をする時間やセミナー講師を事務所から派遣しているような場合については，以下のように2つの場合に分けて考える必要があります。

　まず，事務所名で出版する本の執筆や事務所から派遣するセミナー講師について，あくまで希望者のみとし，職員にはこれらについての諾否の自由があり，また，引き受けた場合の執筆料や講師代も支払われるような場合については，

上記のように業務以外の私的な活動としてこのような活動の時間は労働時間には当たらないと考えます。

　これに対し，事務所名で出版する本の執筆や事務所から派遣するセミナー講師の依頼について諾否の自由はなく（表向きには諾否の自由があるとは言っても事実上断れない場合も含め），また，その執筆料や講師代も支払われない（支払われても本来支払われる金額に比べ僅少であるような場合も含め）ような場合においては，業務以外の私的な活動とはいえず，使用者の指揮命令下に置かれた時間と評価され，労働時間に当たる可能性があると思います。

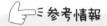 参考情報

持ち帰り残業

　事務所内で業務が終わらず，職員が家に仕事を持ち帰って業務を行うといったことがあり得ます。この場合に，自宅での就業は労働時間に当たって時間外労働，休日，深夜の割増賃金の支払いは必要でしょうか？

　これは，場合を分けて考える必要があります。

　まず，明らかに翌朝までにその業務を終える必要がある場合で，上司から明示された業務命令に基づいて持ち帰り残業を行った場合は，使用者の指揮命令下に置かれた時間として労働時間に当たるでしょう。

　たとえ，明示の業務命令でなくとも，翌朝までにその業務を終える必要があることを上司も認識しているような場合は，黙示の業務命令，つまり上司が明確に命令しなくても翌朝までに業務を終える必要があり，時間外労働をせざるを得ないことについて了解していたとして，この持ち帰り残業も，使用者の指揮命令下に置かれた時間として労働時間に当たるでしょう。

　一方，上司が翌朝までに業務を終えなければいけない事情については認識をしていなかったものの，持ち帰って翌朝までに業務を終えなければならない事情が客観的に存在したときはどうでしょうか？　この場合，通常は，上司の指示を仰いで時間外労働としても持ち帰り残業の了解を得るというのが時間外労働に従事するルールとして必要でしょう。

　このような許可を得て行った持ち帰り残業は，前述したとおり，上司の明示の

業務命令に基づくものとして労働時間に当たるでしょう。また，上司の許諾を得ようとしたが，連絡が付かず自己の判断で持ち帰り残業を行った場合，翌日以降速やかに上司から事後の承諾を得た場合も同様，労働時間に当たるでしょう。

　この際，上司が許諾をしないという場合が想定されますが，その場合は，客観的に翌朝までに業務を終えなければならない事情が明らかであれば，上司が事後に許諾しなかったとしても，持ち帰り残業が余儀なくされていた場合として，労働時間に当たるものと解されます。

　これらに対し，上司の指示があるわけでもなく，また，持ち帰って翌朝までに業務を終えなければならない事情が客観的に存在しているとはいえない場合，これは，自己の判断による持ち帰りであり，使用者の指揮命令下に置かれた時間とは評価できず，労働時間には当たらないと解されます。

　ところで，持ち帰り残業が労働時間に当たる場合の労働時間の算定はどう考えるべきでしょうか？　家の中でどのように過ごしながら業務に従事しているかは，事業場での就労と異なり明らかではありません。中にはテレビやビデオを見ながら業務に従事し，その業務効率の低さから通常要する時間よりも長時間かかってしまったということもあり得ます。

　この場合の労働時間の算定は，当該持ち帰り残業として社会通念上必要とされる時間を基に行うべきであろうと考えます。

　持ち帰り残業が労働時間に当たるか否か，当たるとした場合の，時間外や休日，深夜の割増賃金支払金額は，上記のような観点から考えるべきでしょう。

Q10 社員旅行，社内懇親会の労働時間性

弊所では，社員旅行，社内懇親会への参加は本人希望としているので業務時間外としています。この点，問題はないでしょうか？

A 　本人希望で参加してもらっているもので，事実上参加を余儀なくされているような事情がなければ，業務時間外とすることには問題がないと解されます。

解　説

労働時間の該当性は，「労働者が使用者の指揮命令下に置かれている時間」と評価できるか否かによって判断されています（45ページの**Q7**参照）。ご質問の社員旅行，社内懇親会への参加が使用者から義務付けられている，あるいは余儀なくされている場合，使用者の指揮命令下に置かれた時間と評価され，その対応時間は労働時間に当たると解されます。

1　社員旅行，社内懇親会は労働時間ではない

社員旅行や社内懇親会（例えば，暑気払いの会，忘年会，新年会等）は，事務所における職員間の親睦を図る方法として，広く用いられてきました。それらに参加することをあたかも当然のごとく受け入れ，特に疑問を持たずに参加していた職員の方も多かったように思われます。

しかし，時代の流れで，例えば休日を利用しての社員旅行であれば，「貴重な休日を事務所のために使いたくない」とか，あるいは就業後の社内懇親会で

あれば,「終業後の時間は自分のために使いたい」とか,「終業後の時間まで事務所の人に気を使って過ごしたくはない」などといった気持ちを抱く職員も多くなっており,職員が社員旅行や社内懇親会に参加するのは当然であるとは言いがたい状況に変わってきています。

　そのような中で,事務所が職員に対し,社員旅行や社内懇親会への参加をあたかも当然のように求めていくとすると,職員から休日労働であったとか時間外労働であったと主張されるおそれがないとはいえません。

　事務所開催の社員旅行や社内懇親会は,事務所からその参加を義務付けられたり,余儀なくされたりしない限り,つまり自由参加により希望した職員だけが参加する,というものであれば,これらに参加している時間は,使用者の指揮命令下に置かれたものとは評価できず,労働時間には当たりません。

　一方で,家庭の事情等よほどの事情がない限り,それらに参加するのが当然とされている,あるいは,参加しないと次回は参加するよう指導されるとか,勤務成績で評価が低くなってしまうなど事実上参加せざるを得ないような場合は,参加が余儀なくされていると評価され,労働時間に該当するおそれがあるのです。

2　ご質問の検討

　ご質問のケースで,前記 **1** で述べたように参加が余儀なくされているような事情がなければ,本人希望で参加してもらっているのですから,労働時間とは評価されず,業務時間外とすることには問題はないと解されます。

Q11 裁量労働制の適用①

弊所は税理士登録している従業員に対して，裁量労働制を適用しています。なお，弊所ではフルタイム勤務となる場合，1日当たりみなし労働時間は8時間となります。このとき，もし，裁量労働制の税理士従業員が一身上の都合により7時間の短縮労働勤務を希望した税理士に対しては，裁量労働制を適用できないということでしょうか？　この7時間勤務の税理士にも裁量労働制を適用する余地はないのでしょうか？

A　法所定の労使協定を締結できれば，短縮労働勤務を希望する税理士に対し，みなし時間を7時間とする裁量労働制を適用することは可能ですが，8時間みなしから7時間みなしとする業務量の調整を適正に行う必要があります。

解　説

1　公認会計士，税理士の業務には専門業務型裁量労働制の適用がある

　1日8時間，週40時間を超えて労働した場合，その実際に越えた労働時間に対する時間外の割増賃金の支払いが求められます（**Q5**参照）。しかしながら，業務の遂行手段及び時間配分の決定等の裁量の幅が大きい場合，一般の労働者と同様の厳格な労働時間規制を及ぼすことは不適切と考えられます。そこで，柔軟な労働時間制度として認められたものが専門業務型裁量労働制です。

具体的には，①当該事業場の労働者の過半数で組織する労働組合があるとき
はその労働組合と，そのような労働組合がない場合は労働者の過半数を代表す
る労働者との書面による協定により，②対象業務，業務の手段及び時間配分の
決定等に関し労働者に対し具体的な指示をしないこととする旨，労働時間の算
定について協定で定めるところによる旨，対象業務に従事する労働者の労働時
間の状況に応じた健康・福祉確保措置及び苦情処理に関する措置を協定で定め
るところにより講じる旨を定めた場合，③協定で定める時間労働をしたものと
みなします。

　そして，上記②について，厚生労働省が定めた対象業務として，公認会計士
及び税理士の業務が認められています。

2　労働者がみなし時間を超えて労働したと主張立証しても みなし時間になります

　労使協定で専門業務型裁量労働制の対象業務に該当するとされた業務に従事
する労働者は，自らの裁量で業務遂行の手段，時間配分等を決定して労働する
ことになります。

　その結果，労働時間に長短が生じるとしても，その平均的に当該業務の遂行
に必要な時間として労使協定で定められた時間を労働したものとみなされます。
この「みなす」というのは，たとえ労働者がそのみなし時間よりも長い時間労
働したことを主張立証したとしても，みなし労働時間に基づいて賃金が決定さ
れる，ということを意味します。

3　みなし時間として設定される時間は当該業務遂行に必要な 時間である

　この裁量労働制で，多くの企業で採用されているみなし時間は，当該業務遂
行に必要な時間を所定労働時間と考え，みなし時間を所定労働時間とする制度

です。

　これに対し，当該業務遂行に必要な時間が所定労働時間に加え，ある一定の時間外労働（例えば１時間とか）も伴うような場合は，所定労働時間＋時間外労働時間１時間をみなし時間とする必要があります。この場合は，時間外労働を命じるための36協定の締結が必要ですし，また，時間外労働に対する割増賃金の支給が必要となります。

4　ご質問の検討

　ご質問では，一身上の都合により短縮労働勤務をしたい税理士に対して，専門業務型裁量労働制を適用することは可能かということでした。この短縮労働勤務を希望する税理士の所定労働時間を８時間から７時間に短縮し，その所定労度時間をみなし労働時間として専門業務型裁量労働制を適用することは，前記１のとおり法所定の手続きを行えば法律上は可能と解されます。

　ただ，問題は，この短縮労働勤務において，その業務遂行に必要な時間が平均７時間となるように業務量の調整ができるかどうかです。その業務調整の結果，平均７時間相当であれば，対象税理士の勤務日によって労働時間に長短が生じるとしても，平均的に７時間のみなし時間労働していると解され，事務所としてもその状態を受け入れることは可能と考えられます。

　これに対し，業務量の調整の結果，業務量が平均的に７時間勤務とするには不足しているような場合は，おおむねみなし時間７時間を下回る勤務になりかねず，専門業務型裁量労働制の適用により７時間を下回る勤務を許容する結果を招来しかねません。この点で，業務調整を適正に行うことが必要であることに留意する必要があります。

Q12 裁量労働制の適用②

弊所は税理士登録をしている従業員に対して，裁量労働制を適用しています。しかし，税理士登録していない従業員であっても税理士試験の一部合格者であったり，国税当局で勤務経験を有するなどして，税理士と同等の知識と経験を有しており，税理士資格こそありませんが他の税理士と同様の業務を行っている従業員もいます。

このような従業員に対しても裁量労働制を適用する余地はないのでしょうか？

A 税理士資格を有していない従業員がたとえ税理士と同等の知識と経験を有していても，その従業員には専門業務型裁量労働制を適用する余地はないと考えます。

解　説

1　税理士の業務には専門業務型裁量労働制の適用がある

税理士の業務について法所定の手続きを経れば専門業務型裁量労働制を適用することが可能です（専門業務型裁量労働制の内容については58ページの**Q11**参照）。

2　税理士以外の従業員に専門業務型裁量労働制を適用する ことはできない

　厚生労働省が専門業務型裁量労働制の対象業務として定めている「税理士の業務」について，税理士として登録していない者が実質的に税理士の業務を行うことも当然にあり得ることから，登録のある税理士が行う税理士業務と同様，その手段や時間配分の決定について使用者が具体的な指示をすることが困難な業務であれば，専門業務型裁量労働制の適用は可能であると解する考え方もあります。

　しかしながら，裁判例では，後述する理由から，対象となる「税理士の業務」とは，税理士法で定める税理士となる資格を有し，税理士名簿に登録を受けた者自身による業務と解されています。

　すなわち，税理士が専門業務型裁量労働制の対象とされた理由は，税理士が法律上の国家資格として専門性が確立されていることにあるからです。そして，「税理士の業務」とは，法令に基づいた税理士の業務とされている「税務代理，税務書類の作成，税務相談」をいい，税理士又は税理士法人以外者が業として他人の求めに応じて税務代理，税務書類の作成等を行うことが許されていないことなどが理由として挙げられています。

3　ご質問について

　以上のことから，税理士資格を有していない従業員がたとえ税理士と同等の知識と経験を有していても，その従業員には専門業務型裁量労働制を適用する余地はないと考えます。

裁量労働制の定めに関して，土日に出勤した場合の報酬や極度に勤務時間が短い（サボっている）場合を想定した規程を定めたいと考えています。

このような裁量労働制の規程例をご教示いただけないでしょうか。

A 参考規程例を挙げておきます（65ページ）。休日における労働については裁量労働制を適用することはできませんので，振替により通常の労働として扱うか，あるいは休日労働として割増賃金を支払う必要が生じます。

また，いわゆるサボりなど，専門業務型裁量労働制を適用することが不適切な場合には，対象から除外することが可能な制度とする必要があるでしょう。

解　説

1　裁量労働制が適用されるのは所定労働日だけ

　裁量労働制は，労働者が所定労働日に就労するに当たり，平均的に当該業務の遂行に必要な時間として労使協定で定められた時間を労働したものとみなす制度です。

　したがって，休日とされている日に労働する場合，例えば，土曜日が法定外休日（後述する法定休日以外に企業が定めている休日），日曜日が法定休日（法定休日とは，法律により1週のうち1日あるいは，4週間のうち4日の休

日を付与する必要があり，1週のうち日曜日を法定休日としている企業が多いと思われます）だとすると，まず，日曜日に労働した場合は，休日労働として法定休日割増の支払いが必要となります。

また，土曜日に労働した場合は，週40時間を超える時間外労働としての割増賃金の支払いが必要となります。

なお，休日として想定していた土曜日あるいは日曜日に労働する必要が生じた場合に，就業規則に振替休日の付与の規定があれば，それにより，あらかじめ休日を当該週の別の曜日に振り替えることが可能です。

なお，法定休日を1週に1日としている場合は上記のとおり当該週における振替が，法定休日を4週に4日としている場合はその4週の間における振替が必要となります。振り替えた場合，振り替えた日が休日となり，出勤した土曜日，あるいは日曜日は休日労働とはなりません。

この休日労働，振替については，後記2に記載する参考規程例をご参照ください。

2　裁量労働制の適用対象者は会社が決めるもの

専門業務型裁量労働制は，業務の遂行手段及び時間配分の決定等の裁量の幅が大きく，それゆえ，一般の労働者と同様の厳格な労働時間規制を及ぼすことは不適切と考えられたことから，より柔軟な労働時間制度として認められたものです。そのため，裁量労働制は，業務遂行において自己の裁量に基づき就労する，という自律的な働き方ができることが，その大前提となります。

つまり，事務所で適用する専門業務型裁量労働制の対象者として，自らが業務遂行や時間配分について決定し，上司からこれらについての指揮監督を受けない働き方ができる職員を想定しています。

しかし，対象者の中には極端に勤務時間が短く，みなし時間としてそれよりも短い時間で終業してしまう職員も出てきます。もちろん，それにより与えら

れている業務を遂行している場合であれば事務所としても特に異論はないのか
もしれませんが，中には与えられている業務遂行が不十分である職員もいるか
もしれません。このような場合に裁量労働制を適用することは事務所にとって
大きなマイナスとなります。

　そこで，そのような職員を裁量労働制の対象者から除外する規程が必要です。
参考までに専門業務型裁量労働制に関する規程例を挙げておきます。

規程例

第○条（専門業務型裁量労働制の対象）
　公認会計士，税理士として業務に従事する職員のうち，事務所が適切と認め指
名した者について，専門業務型裁量労働制によるみなし時間制を適用する。但し，
適用後不適切と認めた場合には適用対象外とすることがある。

第○条（裁量労働）
　前条の規定により裁量労働を行う場合，自らの裁量と責任の下に，業務遂行の
手段，時間配分等を決定して労働することを基本とする。但し，職場秩序の維持，
業務遂行上ないし労務管理等の業務上の必要性から上司が行う指示については，
この限りではない。

第○条（みなし時間）
　専門業務型裁量労働によるみなし時間は，1日8時間とする。
※平均的に8時間を超えることが想定される場合（例えば9時間）には，超える部分の
　割増賃金の支払いが必要となる。その場合の規定は次のとおり。
　「専門業務型裁量労働によるみなし時間は，1日9時間とし，法定労働時間を
超える1時間について所定の割増賃金を支払う。」

第○条（休日の取扱い）
　業務遂行上休日に労働することが必要となった場合，事前に上司と調整のうえ，
原則として振替日を設定する。振替日の設定ができない場合は，休日労働として
所定の割増賃金を支払う。

Q14 36協定による時間外労働の規制

　弊所は従業員5名の会計事務所です。弊所では通常の範囲（0～40時間くらい）の残業が発生していますが，今まで36協定は締結したことはありません。

　弊所でも36協定の書式を入手して，とにかく文書を作成して，労働者代表の印鑑ももらって労基署に提出すべきでしょうか？

　社労士さんとの付き合いがないと，そもそも労働時間に関して弊所がすべき「マスト」の項目がわからないので教えていただけないでしょうか。

A　法律上，時間外・休日労働をさせるには36協定の締結が必要ですので，速やかに36協定を締結し，労基署に提出すべきでしょう。ただ，その内容については事務所の実態に合ったものにすべきです。

　労働時間管理において最も重要なのは労働時間の適正な把握です。

解　説

1　法定労働時間を超える時間外労働，法定休日での労働を命じるには36協定の締結が必要

　労働基準法では，変形労働時間制など法が認める例外の場合を除き，1日8時間，週40時間を超えて労働させることはできません（36ページ**Q5**参照）。

　ただし，当該事業場の過半数の労働者で組織される労働組合があればその労働組合と，そのような労働組合がない場合は，過半数を代表する者との書面に

よる労使協定（このことを36協定といいます）を締結し，労働基準監督署に届け出た場合においては，この36協定に定める内容に従い，労働時間を延長し，または休日に労働させることができます。

　具体的には，36協定として以下の事項について定める必要があります。

① 時間外・休日労働をさせる対象労働者の範囲
② 対象期間（１年間に限る）
③ 時間外労働または休日労働をさせることができる場合
④ 対象期間における１日，１か月及び１年の各期間について労働時間を延長して労働させることができる時間または労働させることができる休日の日数
⑤ そのほか，厚生労働省令で定める事項として，例えば，協定の有効期間，協定の対象期間（１年間）の起算日，後記２⑴で述べる，時間外・休日労働の時間数についての法律上の制限を満たすこと

2　36協定締結に関する実務上の留意点

　職員に時間外労働や休日労働を命ずるには，36協定の締結が必要であることはご理解いただけたと思いますが，その内容については，事務所における時間外労働や休日労働の実態に合致したものでなければなりません。

　36協定は時間外や休日労働の上限を定めるものですので，その規定内容が実態にそぐわない場合，意味のないものになってしまうおそれがあるからです。後述する留意点を踏まえつつ，事務所の実態に合う36協定を締結しましょう。

　以下，36協定締結をめぐる実務上の留意点を挙げます。

⑴　36協定で締結できる時間外・休日労働の時間数について法律上の制限が設けられ，これを上回る時間数の記載はできないこと

　労働基準法が改正され，大企業には2019年４月から，中小企業には2020年４

月から適用されている内容は次のとおりです。

① 原則として，時間外労働の上限は月45時間・年360時間
② 臨時的な特別な事情があって労使が合意する場合（この合意は「特別条項」とか「特別協定」といわれています）でも，時間外労働は年720時間以内で，時間外労働と休日労働を合わせ月100時間未満，2〜6か月平均80時間以内とする（月45時間を超えることができるのは年6か月まで）

　解説の最後に，厚労省から紹介されている，「36協定届の記載例」「36協定届の記載例（特別条項）」を挙げておきますのでご参照ください。

⑵　36協定で記載された時間外・休日労働の上限を超える労働はさせられないこと

　36協定で定める範囲でのみ，時間外・休日労働が認められるのですから，その範囲を超えた時間外・休日労働は労働基準法違反となり，罰則の対象となりますので，注意が必要です。

⑶　36協定を締結する労働者代表の選任が適法であること

　36協定は，当該事業場の過半数の労働者で組織される労働組合があればその労働組合との間で締結することが必要となりますが，そのような労働組合がない場合は，過半数を代表する者との間で締結する必要があります。
　なお，後者の場合，過半数代表者の選任が適法になされている必要があります。この選任が法に反するとなると，36協定そのものが無効となりますので，この選任手続は極めて重要といえます。
　この点に関し，法令では，過半数代表者について，以下の定めをしています。

① 過半数代表者は，管理監督者でないこと
② 法に規定する協定等（例えば，ご質問のように36協定とか，あるいは就

業規則の意見聴取の手続きのためなど）をする者を選出することを明らかにして実施される投票，挙手等の方法による手続きにより選出された者であって，使用者の意向に基づき選出された者でないこと

③ 過半数代表者であること若しくは過半数代表者になろうとしたこと又は過半数代表者として正当な行為をしたことを理由として不利益な取扱いをしないようにすること

④ 過半数代表者が法に規定する協定等に関する事務を円滑に遂行できるよう必要な配慮をしなければならないこと

3 労働時間管理において事務所がなすべきこと

前記2で，36協定で定める範囲を超えた時間外・休日労働をさせてはいけないと申し上げました。そこで，職員が36協定で定めた時間外・休日労働の上限を超えた労働をするおそれがないかを的確に把握し，その違反の防止に努める必要があります。

また，事務所は職員に健康被害が生じないよう配慮する義務，いわゆる安全配慮義務があります。この安全配慮義務を尽くさず，職員に過重労働による健康被害が生じると，事務所には安全配慮義務違反による損害賠償責任が生じます。また，一部の企業における過労死や過労自殺の報道等からも明らかなとおり，その報道等による社会的非難により企業価値が大きく毀損される事態にもなりかねません。そこで，職員の健康被害につながる過重労働がないかどうかを確認する必要があります。

これらの点から，事務所は，職員の労働時間を適正に把握する必要があります。

厚労省も労働時間の適正な把握が肝要であるとして，「労働時間の適正な把握のために使用者が講ずべき措置に関するガイドライン」（以下，単に「ガイドライン」といいます）を策定しています。事務所としても，このガイドライ

ンに沿った適正な労働時間の把握に努め，問題がある場合は直ちに是正する必要があると考えます。

　なお，このガイドラインに基づき労働時間の適正な把握を行うべき対象労働者は，管理監督者やみなし労働時間性が適用される労働者を除くすべての者とされています。

　では，管理監督者や専門業務型裁量労働制などのみなし労働時間制が適用される職員に対して労働時間の管理をしなくてもよいかというと答えは否です。これらの者に対しても事務所として安全配慮義務を負っている以上，過重労働になっていないかを含め，労働時間を把握し，問題がある場合の改善は必要です。

　以下，ガイドラインのポイントを指摘しておきます。

(1)　始業・終業時刻の確認
　使用者は，労働時間を適正に把握するため，労働者の労働日ごとの始業・終業時刻を確認し，記録すること

(2)　始業・終業時刻の確認及び記録の原則的な方法
　始業・終業時刻を確認し，記録する原則的な方法は次のいずれかであること
　ア．使用者が自ら現認することにより確認し，適正に記録する
　イ．タイムカード，ICカード，パソコンの使用時間の記録等の客観的な記録を基礎として確認し，適正に記録する

(3)　自己申告制による始業・終業時刻の確認及び記録を行う場合の措置
　• 労働者及び管理者について，本ガイドラインに従い労働時間の実態を正しく認識し，記録するために適正な自己申告を行うことについて十分に説明すること
　• 自己申告により把握した労働時間が実際の労働時間と合致しているか，必要に応じて実態調査を実施し，所要の労働時間の補正をすること

- 使用者は，労働者による適正な申告を阻害する措置（例えば，自己申告
  できる時間外労働の時間数に上限を設け，上限を超える申告を認めない
  等）を講じてはならない

など。

「36協定届の記載例」

３６協定

◆ ３６協定で締結した内容を協定届（本様式）に転記して届け出てください。
　３６協定届（本様式）を用いて３６協定を締結することもできます。
　その場合には、記名押印又は署名など労使双方の合意があることが明らかとなるような方法により締結することが

表面

時間外労働
休日労働

様式第９号（第16条第１項関係）

事業の種類	事業の名称
金属製品製造業	○○金属工業株式会社　○○工場

事業場（工場、支店、営業所等）ごとに協定してください。

		時間外労働をさせる必要のある具体的事由	業務の種類	労働（満以）
時間外労働	① 下記②に該当しない労働者	受注の集中	設計	10
		製品不具合への対応	検査	10
		臨時の受注、納期変更	機械組立	20
	② １年単位の変形労働時間制により労働する労働者	月末の決算事務	経理	5
		棚卸	購買	5

対象期間が３か月を超える１年単位の変形労働時間制が適用される労働者については、②の欄に記載してください。

事由は具体的に定めてください。

業務の範囲を細分化し、明確に定めてください。

	休日労働をさせる必要のある具体的事由	業務の種類	労働（満18以上
休日労働	受注の集中	設計	10
	臨時の受注、納期変更	機械組立	20

上記で定める時間数にかかわらず、時間外労働及び休日労働を合算した時間数は、１箇月について

協定の成立年月日　○○○○　年　3　月　12　日

協定の当事者である労働組合（事業場の労働者の過半数で組織する労働組合）の名称又は労働者の過半数を

協定の当事者（労働者の過半数を代表する者の場合）の選出方法（　投票による選挙
上記協定の当事者である労働組合が事業場の全ての労働者の過半数で組織する労働組合である又は上記協

上記労働者の過半数を代表する者が、労働基準法第41条第２号に規定する監督又は管理の地位にある者で
る手続により選出された者であって使用者の意向に基づき選出されたものでないこと。☑（チェックボッ
○○○○　年　3　月　15　日

○　○　　労働基準監督署長殿

労働者の過半数で組織する労働組合が無い場合には、３６協定の締結をする者を選ぶことを明確にした上で、投票・挙手等の方法で労働者の過半数代表者を選出し、選出方法を記載してください。
使用者による指名や、使用者の意向に基づく選出は認められません。
チェックボックスにチェックがない場合には、形式上の要件に適合している協定届とはなりません。

72

1項関係）)

労働時間の延長及び休日の労働は必要最小限にとどめられるべきであり、労使当事者はこのことに十分留意した上で協定するようにしてください。
なお、使用者は協定した時間数の範囲内で労働させた場合であっても、労働契約法第5条に基づく安全配慮義務を負います。

◆ ３６協定の届出は電子申請でも行うことができます。
◆ （任意）の欄は、記載しなくても構いません。

要事項の記載があれば、協定届様式以外の形式でも届出できます。

定届

| 労働保険番号 | □□ □□ □□□□□□ □□□ □□□□ □□ |
| 法人番号 | □□□□□□□□□□□□□ |

労働保険番号・法人番号を記載してください。

事業の所在地（電話番号）	協定の有効期間
○○○－○○○○ ○○市○○町１－２－３　（電話番号：○○○－ ○○○○ － ○○○○ ）	○○○○年4月1日から1年間

この協定が有効となる期間を定めてください。1年間とすることが望ましいです。

延長することができる時間数

労働時間 1日） 任意）	1日		1箇月（①については45時間まで、②については42時間まで）		1年（①については360時間まで、②については320時間まで） 起算日（年月日）　○○○○年4月1日	
	法定労働時間を超える時間数	所定労働時間を超える時間数（任意）	法定労働時間を超える時間数	所定労働時間を超える時間数（任意）	法定労働時間を超える時間数	所定労働時間を超える時間数（任意）
5時間	3時間	3．5時間	30時間	40時間	250時間	370時間
5時間	2時間	2．5時間	15時間	25時間	150時間	270時間
5時間	2時間	2．5時間	15時間	25時間	150時間	270時間
5時間	3時間	3．5時間	20時間	30時間	200時間	320時間
5時間	3時間	3．5時間	20時間	30時間	200時間	320時間

1年間の上限時間を計算する際の起算日を記載してください。その1年間においては協定の有効期間にかかわらず、起算日は同一の日である必要があります。

日の法定労働時間をえる時間数を定めてください。

1か月の法定労働時間を超える時間数を定めてください。①は45時間以内、②は42時間以内です。

1年の法定労働時間を超える時間数を定めてください。①は360時間以内、②は320時間以内です。

所定休日（任意）	労働させることができる法定休日の日数	労働させることができる法定休日における始業及び終業の時刻
土日祝日	1か月に1日	8：30～17：30
土日祝日	1か月に1日	8：30～17：30

未満でなければならず、かつ2箇月から6箇月までを平均して80時間を超過しないこと。　☑
（チェックボックスに要チェック）

時間外労働と法定休日労働を合計した時間数は、月100時間未満、2～6か月平均80時間以内でなければいけません。これを労使で確認の上、必ずチェックを入れてください。チェックボックスにチェックがない場合には、有効な協定届とはなりません。

者の
職名　**検査課主任**
氏名　**山田花子**
）

管理監督者は労働者代表にはなれません。

協定書を兼ねる場合には、労働者代表の署名又は記名・押印などが必要です。

者である労働者の過半数を代表する者が事業場の全ての労働者の過半数を代表する者であること。　☑
（チェックボックスに要チェック）

つ、同法に規定する協定等をする者を選出することを明らかにして実施される投票、挙手等の方法によチェック）

職名　**工場長**
氏名　**田中太郎**

協定書を兼ねる場合には、使用者の署名又は記名・押印などが必要です。

「36協定届の記載例（特別条項）」

◆臨時的に限度時間を超えて労働させる場合には様式第９号の２の
協定届の届出が必要です。
◆様式第９号の２は、
・限度時間内の時間外労働についての届出書（１枚目）と、
・限度時間を超える時間外労働についての届出書（２枚目）
の２枚の記載が必要です。

◆３６協定で締結した内容を協
ください。
－３６協定届（本様式）を用いて
その場合には、記名押印又は署名
明らかとなるような方法により締
－必要事項の記載があれば、協定届

１枚目（表面）

時間外労働
休日労働

様式第９号の２（第16条第1項関係）

> 事業場（工場、支店、営業所
> 等）ごとに協定してください。

事業の種類	事業の名称
金属製品製造業	〇〇金属工業株式会社　〇〇工場

> 対象期間が３か月を超える１年単位の変形労働時間制が適用される労働者については、②の欄に記載してください。

		時間外労働をさせる必要のある具体的事由	業務の種類	労働（満18以上
時間外労働	① 下記②に該当しない労働者	受注の集中	設計	10
		製品不具合への対応	検査	10
		臨時の受注、納期変更	機械組立	20
	② １年単位の変形労働時間制により労働する労働者	月末の決算事務	経理	5人
		棚卸	購買	5人

> 事由は具体的に定めてください。

> 業務の範囲を細分化し、明確に定めてください。

	休日労働をさせる必要のある具体的事由	業務の種類	労働者（満18以上の
休日労働	受注の集中	設計	10
	臨時の受注、納期変更	機械組立	20

上記で定める時間数にかかわらず、時間外労働及び休日労働を合算した時間数は、１箇月について

（特別条項）

関係））

労働時間の延長及び休日の労働は必要最小限にとどめられるべきであり、労使当事者はこのことに十分留意した上で協定するようにしてください。
なお、使用者は協定した時間数の範囲内で労働させた場合であっても、労働契約法第5条に基づく安全配慮義務を負います。

式）に転記して届け出て

結することもできます。
方の合意があることが
が必要です。
形式でも届出できます。

◆ 36協定の届出は電子申請でも行うことができます。
◆ （任意）の欄は、記載しなくても構いません。

定届

労働保険番号	□□□□□ □□ □□ □□□□□□ □□ □□□□□
	都道府県 所掌 管轄 基幹番号 枝番号 統一派遣事業番号
法人番号	□□□□□□□□□□□□□

労働保険番号・法人番号を記載してください。

事業の所在地（電話番号）	協定の有効期間
○○○-○○○○ ）	
○市○○町1-2-3	○○○○年4月1日から1年間
（電話番号 :○○○-○○○○-○○○○）	

この協定が有効となる期間を定めてください。1年間とすることが望ましいです。

延長することができる時間数

	1日		1箇月（①については45時間まで、②については42時間まで）		1年（①については360時間まで、②については320時間まで） 起算日（年月日）○○○○年4月1日	
働時間 日） 意）	法定労働時間を超える時間数	所定労働時間を超える時間数（任意）	法定労働時間を超える時間数	所定労働時間を超える時間数（任意）	法定労働時間を超える時間数	所定労働時間を超える時間数（任意）
5時間	3時間	3.5時間	30時間	40時間	250時間	370時間
5時間	2時間	15時間	15時間	25時間	150時間	270時間
5時間	2時間	2.5時間	15時間	25時間	150時間	270時間
5時間	3時間	3.5時間	20時間	30時間	200時間	320時間
5時間	3時間	3.5時間	20時間	30時間	200時間	320時間

1年間の上限時間を計算する際の起算日を記載してください。その1年間においては協定の有効期間にかかわらず、起算日は同一の日である必要があります。

1年の法定労働時間を超える時間数を定めてください。①は360時間以内、②は320時間以内です。

の法定労働時間を
る時間数を定めて
さい。

1か月の法定労働時間を超える時間数を定めてください。①は45時間以内、②は42時間以内です。

所定休日 （任意）	労働させることができる法定休日の日数	労働させることができる法定休日における始業及び終業の時刻
土日祝日	1か月に1日	8:30～17:30
土日祝日	1か月に1日	8:30～17:30

時間外労働と法定休日労働を合計した時間数は、月100時間未満、2～6か月平均80時間以内でなければいけません。これを労使で確認の上、必ずチェックを入れてください。チェックボックスにチェックがない場合には、有効な協定届とはなりません。

満でなければならず、かつ2箇月から6箇月までを平均して80時間を超過しないこと。 ☑
（チェックボックスに要チェック）

時間外労働
休日労働

様式第9号の2（第16条第1項関係）

臨時的に限度時間を超えて労働させることができる場合	業務の種類	労働者数（満18歳以上の者）	延長... 法定労働... 超える...
突発的な仕様変更	設計	10人	6時...
製品トラブル・大規模なクレームへの対応	検査	10人	6時...
機械トラブルへの対応	機械組立	20人	6時...

> 事由は一時的又は突発的に時間外労働を行わせる必要のあるものに限り、できる限り具体的に定めなければなりません。
> 「業務の都合上必要なとき」「業務上やむを得ないとき」など恒常的な長時間労働を招くおそれがあるものは認められません。

> 業務の範囲を細分化し、明確に定めてください。

> 限度時間を超えて労働させる場合にとる手続について定めてください。

限度時間を超えて労働させる場合における手続	労働者代表者に対する事前...
限度時間を超えて労働させる労働者に対する健康及び福祉を確保するための措置	（該当する番号）①、③、⑩　（具体的内容）対象労... 職場で...

> 限度時間を超えた労働者に対し、裏面の記載心得1（9）①～⑩の健康確保措置のいずれかの措置を講ずることを定めてください。
> 該当する番号を記入し、右欄に具体的内容を記載してください。

上記で定める時間数にかかわらず、時間外労働及び休日労働を合算した時間数は、1箇月...

協定の成立年月日　〇〇〇〇年　3月　12日

協定の当事者である労働組合（事業場の労働者の過半数で組織する労働組合）の名称又は労働者の...

協定の当事者（労働者の過半数を代表する者の場合）の選出方法（　**投票による選挙**

上記協定の当事者である労働組合が事業場の全ての労働者の過半数で組織する労働組合である又は...

上記労働者の過半数を代表する者が、労働基準法第41条第2号に規定する監督又は管理の地位に...続により選出された者であつて使用者の意向に基づき選出されたものでないこと。☑（チェックボ...

〇〇〇〇年　3月　15日

〇　〇　　労働基準監督署長殿

定届（特別条項）

1年間の上限時間を計算する際の起算日を記載してください。その1年間においては協定の有効期間にかかわらず、起算日は同一の日である必要があります。

	1箇月 （時間外労働及び休日労働を合算した時間数。100時間未満に限る。）				1年 （時間外労働のみの時間数。720時間以内に限る。） 起算日（年月日）　〇〇〇〇年4月1日		
時間数	限度時間を超えて労働させることができる回数（6回以内に限る。）	延長することができる時間数及び休日労働の時間数		限度時間を超えた労働に係る割増賃金率	延長することができる時間数		限度時間を超えた労働に係る割増賃金率
間時間を 5時間数 任意）		法定労働時間を超える時間数と休日労働の時間数を合算した時間数	所定労働時間を超える時間数と休日労働の時間数を合算した時間数（任意）		法定労働時間を超える時間数	所定労働時間を超える時間数（任意）	
5時間	4回	60時間	70時間	35%	550時間	670時間	35%
5時間	3回	60時間	70時間	35%	500時間	620時間	35%
5時間	3回	55時間	65時間	35%	450時間	570時間	35%

限度時間を超えて時間外労働をさせる場合の割増賃金率を定めてください。この場合、法定の割増率（25%）を超える割増率となるよう努めてください。

間外労働　5時間（月　間又は42　を超えて　させる回数　6回以内

限度時間（月45時間又は42時間）を超えて労働させる場合の、1か月の時間外労働と休日労働の合計の時間数を定めてください。月100時間未満に限ります。なお、この時間数を満たしていても、2～6か月平均で月80時間を超えてはいけません。

限度時間を超えて時間外労働をさせる場合の割増賃金率を定めてください。この場合、法定の割増率（25%）を超える割増率となるよう努めてください。

限度時間（年360時間又は320時間）を超えて労働させる1年の時間外労働（休日労働は含みません）の時間数を定めてください。年720時間以内に限ります。

時間外労働と法定休日労働を合計した時間数は、月100時間未満、2～6か月平均80時間以内でなければいけません。これを労使で確認の上、必ずチェックを入れてください。チェックボックスにチェックがない場合には、有効な協定届とはなりません。

医師による面接指導の実施　、対象労働者に11時間の勤務間インターバルを設定、
策会議の開催

0時間未満でなければならず、かつ2箇月から6箇月までを平均して80時間を超過しないこと。☑
（チェックボックスに要チェック）

する者の　職名　検査課主任
　　氏名　山田花子

管理監督者は労働者代表にはなれません。

協定書を兼ねる場合には、労働者代表の署名又は記名・押印などが必要です。

当事者である労働者の過半数を代表する者が事業場の全ての労働者の過半数を代表する者であること。☑
（チェックボックスに要チェック）

、かつ、同法に規定する協定等をする者を選出することを明らかにして実施される、投票、挙手等の方法による手
チェック）

使用者　職名　工場長
　　氏名　田中太郎

協定書を兼ねる場合には、使用者の署名又は記名・押印などが必要です。

労働者の過半数で組織する労働組合が無い場合には、36協定の締結をする者を選ぶことを明確にした上で、投票・挙手等の方法で労働者の過半数代表者を選出し、選出方法を記載してください。
使用者による指名や、使用者の意向に基づく選出は認められません。
チェックボックスにチェックがない場合には、形式上の要件に適合している協定届とはなりません。

Q15 年次有給休暇の消化

年5日消化しなければならない有給休暇について，弊所では夏季休暇（2日）に有給3日をプラスして5日の連続休暇としています。年末年始も年末年始休暇を最低3日，有給2日以上として連続休暇としています。

このように有給休暇の5日間については，半ば強制的に取らせていますが，この対応に問題はないでしょうか？

A ご質問のような年休の与え方は，いわゆる計画年休と考えられます。この5日を超える年休日について，事業場の過半数労働者を組織する労働組合または過半数労働者を代表する者との書面による協定により計画年休の定めをする必要があります。

解　説

1　年次有給休暇を年5日取得させる義務

2019年4月から，法定の年次有給休暇（以下，単に「年休」といいます）付与日数が10日以上の労働者に対し，時季を指定して年5日の年休を労働者に取得させることが，使用者の義務となりました。

使用者が上記時季指定をするに当たっては，労働者の意見を聴取し，できる限り労働者の希望に沿った時季指定となるよう聴取した意見を尊重するよう努めなければなりません。

2 計画年休で取得させる日数も年5日にカウントすることは可能

　前記のとおり，使用者には，年5日の年休を取得させる義務がありますが，労働者自らが請求・取得した年休や計画年休で取得する年休をこの5日から控除することができます。例えば，労働者が自ら請求・取得した年休が5日あれば，使用者はそれ以外に年休の時季指定をする必要はありません。また，同様に計画年休で年5日年休を取得した労働者に対しても同様に使用者はそれ以外に年休の時季指定をする必要はありません。

　ちなみに，計画年休とは，事業場の過半数労働者を組織する労働組合または過半数労働者を代表する者との書面による協定により年休を与える時季について定めをすれば，その定めによって年休を与えることができる，とするものです。

　ただし，労働者の個人的使用のための年休も必要なので，計画年休は5日を超える年休日についてのみ計画化できるものとされています。この計画年休は，大きく分けて①事業場全体での一斉休暇，②班別の交替制休暇，③計画表による個人別休暇の3つのタイプがあります。

3 ご質問の検討

　ご質問では，事務所が一斉に年休を使用して休む日をあらかじめ夏期休暇に付けて年休を3日，さらに年末年始休暇に付けて年休を2日の合計5日の年休を取らせている，ということでした。これは前述したとおり，計画年休に当たり，事業場の過半数労働者を組織する労働組合または過半数労働者を代表する者との書面による協定において計画年休の定めることが必要です。

　そして，上記の定めにより計画年休を5日消化したとすれば，事務所としては年5日の年休を取得させる義務を満たしたとされ，それ以外に年休の時季指定をする必要はありません。

Q16 降格・降給（級）①

弊所では国際税務部門の売上げを伸ばしたいと考え，中途採用で国際税務の得意な会計士を採用しました。しかし，コロナの影響もあって現在は国際税務の仕事が全くない状況です。

この中途採用者には，現在の弊所のニーズのあるところで活躍してもらいたいと考えていますが，その場合，待遇（給与）もその仕事に合ったものにしたいです。具体的には中途採用時の給与を引き下げたいのですが，何か問題はあるでしょうか？

A 　中途採用における職員と事務所との契約内容として，職務内容が国際税務の業務に限定されている（他の職務への配置換えが想定されていない）と解される場合は，その職務の変更及び給与額の変更について両者間の同意が必要です。

契約内容として職務内容が国際税務の業務に限定されているとはいえない場合であれば，配置換えを命ずることは可能です。給与額の変更は就業規則の定めにより変更が可能か否かが分かれます。就業規則の定めがない場合は，給与額の変更には職員の同意が必要です。

解　説

1　職務内容の限定がある契約かどうか

中途採用の場合，採用される本人もそれまでの職務経験によって培った専門

分野を生かしたいと考え，また事務所でもそのような専門分野で活躍してもらいたいと考え，両者間で労働契約において採用後の職務を限定し（この場合，労働契約において，職務の変更などの配置転換をすることがある旨の就業規則の適用を排除しておくのが一般です），それに見合う給与を設定することがあります（説明の便宜上，この場合を「職務限定特約がある場合」といいます）。

この場合，後に職務を変更すること，及びその変更後の職務に見合う給与額に変えることは，いずれも労働契約の内容の変更になるため，両者間の合意が必要となります。

他方，中途採用において事務所としては本人の専門分野を活かしてもらいたいとは考えたものの，採用後において他の職務への変更もあり得るとして，例えば就業規則の配置転換の規定が適用されることが想定されているような場合，いったんは当初想定した職務に就けたものの，業務上の必要から他の職務に配置換えを命ずることは可能です（説明の便宜上，この場合を「職務限定特約があるとは認められない場合」といいます）。

この場合の給与額の変更については，本人の同意があればもちろん変更が可能ですが，仮に同意を得られない場合であっても，就業規則（給与規程等）でその職務ごとに給与が決まっているのであればそれに従い，配置転換後の職務に見合った給与額に変更することが可能です。

2　ご質問の検討

ご質問では，国際税務部門の売上げを伸ばしたいと考え，その業務の得意な会計士を中途採用した，ところが予期せぬコロナの影響もあり，国際税務部門の仕事が全くない状況となり他のニーズのある税務関係に就いてもらいたいということですので，少なくとも当初想定した国際税務部門での職務から別の税務関係の職務に変更する必要性は認められるでしょう。

また，中途採用時の待遇（給与）は，国際税務部門での職務を担うことを想

定して設定したものであり，実際に担当してもらう業務において想定される給
与との差異が大きく，当初設定した給与のままでは，別の税務関係を担ってい
る他の職員との公正性が保てないなどの支障が想定されます。そこで，中途採
用時に設定した給与から実際に担当することになる別の税務関係の職務に見合
う給料に変更する必要性も認められるでしょう。

問題はその給与減額の方法です。

前記 1 でご説明した，「職務限定特約が認められる場合」に当たる場合には，
国際税務部門の職務に限定して採用したことになり，その職務を変更すること，
及びその変更後の職務に見合う給与額に変えることは，いずれも労働契約の内
容の変更になるため，事務所と本人との間で上記変更に関する合意が必要とな
ります。

前記 2 でご説明した「職務限定特約があるとは認められない場合」には，業
務上の必要から他の職務に配置換えを命ずることは可能です。ご質問のケース
では，予期せぬコロナの影響もあり，国際税務部門の仕事が全くない状況とな
り，他のニーズのある税務関係に就いてもらいたいということですから，業務
上の必要から，他の税務関係の業務に配置換えを命ずることは可能であると考
えます。

この場合の給与額について，本人の同意があればもちろんのこと，本人の同
意がなくても，例えば，事務所の就業規則（給与規程等）でその職務ごとに給
与が決まっているのであればそれに従い，配置転換後の職務に見合った給与額
に変更することは可能です。

3　本人の同意を得る際の説明で留意すべき点は？

前記 2 の，職務限定特約がある場合において，職務変更・給与額変更につい
ての同意を得ようと本人と話し合いをしても本人が同意しない場合はどうした

らよいのでしょうか。

　この場合，本人の同意なくしては両者間の労働契約の内容を変更できない一方，そのままでの契約内容で雇用を継続することはできません。したがって，コロナの影響により業務量が十分になく，労働契約を維持できないとして，解雇（経営上の必要性に基づく整理解雇）を検討せざるを得なくなります。

　このような解雇という措置を取らずに，何とか本人の雇用を維持するためにその内容の変更（職務変更・給与額変更）を求めているということについて，本人に理解を求めてはいかがでしょうか。

　また，職務内容の限定がない場合における給与額変更について，本人の同意がなくても事務所の就業規則（給与規程等）で，その職務ごとに給与が決まっているのであればそれに従い，配置転換後の職務に見合った給与額に変更可能ですが，そのような規定がない場合で，本人が同意しない場合はどうしたらよいでしょうか。

　この場合も上記と同様，給与額変更に同意いただけない場合，そのままの給与額で別の税務関係の職務に変更すれば，その税務関係に従事する他の職員との公正性が保てません。「本人の雇用を維持するための配置転換ですが，配置転換先の職務を行う他の職員との公平性から給与額の変更を求めています。この給与額の変更は本人の同意がなければ行えません」ということを説明して，本人に理解を求めてはいかがでしょうか。

Q17 降格・降給（級）②

会計事務所の一般事業会社と異なる特徴として，職員に税理士あるいは会計士の資格保有者が多いことがあります。降格・降級の場面で，会計事務所の職員に特有の労務リスクがありましたら教えてください。

A 職能資格制度あるいは職務等級制ないし役割等級制が設けられている場合において，降格・降級は，本人の同意がある場合の他，同意がなくても降格・降級の根拠規定を設け，根拠規定に定める降格事由・降級事由に該当する相当な理由がある場合には，降格・降級は可能であると解されます。

ただ，税理士あるいは会計士の資格保有者については，労働契約上その職務の内容が特定されていると解され，降格・降級には限界があると考えられるので注意が必要です。

解　説

1　降格・降級の意味

企業が採用する人事制度により，その位置付けられた資格や等級を下げる措置を降格や降級といいます。

なお，降格という用語は，このような場合のほかに，懲戒処分で資格を下げる場合や，人事上の措置で職位を下げる（例えば，部長から課長に下げる等）場合にも用いますので，どのような意味で降格を問題とするかを正しく理解し

たうえで議論する必要があります。

(1) 職能資格制度における降格・降級とは？

　職能資格制度は，企業が労働者の職務能力に着目し，職能給をその職務能力に応じて分類した資格・等級に基づき支給するもので，本人の職務能力の向上に応じた資格・等級の上昇（昇格・昇級）により職能給も上昇する人事制度です。本来，職務遂行能力は勤続によって蓄積されていくと解され，いったん蓄積された能力の低下は想定されていませんでした。

　しかしながら，1990年代の経済の低迷を迎え，能力以上に資格や等級を付与されている労働者の資格や等級を引き下げる措置として，降格・降級の措置が広く行われるようになりました。

　すなわち，従来の考え方とは異なり，職務遂行能力を年々発揮される能力と捉え，年々変動するものと理解し，その能力が従前に位置付けられた資格・等級より劣ると判断した場合には資格・等級を見直す，というものです。

　このような降格・降級を行うためには，まず，本人にその降格・降級の必要性，降格・降級後の待遇について十分に説明し，本人の同意のもとに行うことが考えられます。

　しかし，本人が同意しない場合であっても，職能資格制度を定める規程においてそのような制度内容（どのような場合に降格・降級の対象となるか等）を明示，つまり降格・降級の根拠規定を設け，根拠規定に定める降格事由・降級事由に該当する相当な理由がある場合には，降格・降級は可能であると解されています。

　以下，参考までに，職能資格制度における降格・降級の規程を挙げておきます。

職能資格等級規程

（降格・降級）

第●条　次の各号に該当する場合，本人の資格・等級につき，降格または降級することがある。

(1)　精神又は身体の故障により当該職能資格・等級に該当しないと事務所が判断したとき

(2)　出勤状態や勤務状態の不良により当該職能資格・等級に該当しないと事務所が判断したとき

(3)　人事考課において２期連続Ｄと評価されたとき

(4)　その他，当該職能資格・等級への格付けが不適切と事務所が判断したとき

(2)　職務等級・役割等級における降級とは？

　職務の内容を職責の内容・重さに応じて等級（グレード）に分類し，序列化して，等級ごとに賃金額の最高値，中間値，最低値による給与範囲（レンジ）を設定する制度を職務等級制（ジョブ・グレード制）といいます。また，職務概念ではなく，従業員の仕事上の役割（ミッション）を分類し，等級化して，その等級に応じて基本給を定めるのが役割等級制です。

　いずれの場合も，その等級を引き下げる（降級）には，まず，本人にその降級の必要性，降級後の待遇について十分に説明し，本人の同意のもとに行うことが考えられます。しかし，本人が同意しない場合であっても，等級を引き下げる根拠規定を設け，根拠規定に定める降級事由に該当する相当な理由がある場合には，降級は可能であると解されています。

2　資格保有者に対する降格・降級には限界がある

　前記１で述べたとおり，職能資格制度あるいは職務等級制ないし役割等級制が設けられている場合においては，会計士あるいは税理士に対し，降格ないし降級を行う必要性，降格・降級後の待遇を十分に説明し，同意のもとに降格・

降級を行うことは可能ですし，また，本人が同意しない場合には，降格・降級の根拠規定を設け，根拠規定に定める降格事由・降級事由に該当する相当な理由がある場合にも，降格・降級は可能であると解されます。

　ただし，一般に，会計士あるいは税理士といった資格保有者と事務所との間の労働契約においては，その職務の内容が特定されている，具体的には会計士の職務や税理士の職務に限定されていると解されます。

　例えば，会計事務所において職能資格制度が設けられているのであれば，会計士や税理士には，想定された職能資格ないし等級の下限から上限の枠があると考えられます。また，職務等級制あるいは役割等級制が設けられているのであれば，会計士や税理士に想定された職務等級や役割等級の下限から上限の枠が設定されていると考えられます。

　したがって，当該会計士や税理士に対しては，本人が労働契約上限定されていると解される職務以外の職務（例えば会計補助業務等）を担うことについて同意している場合を除き，そうでない場合は，労働契約上限定されている職務を変えることはできませんので，その職務において想定されている資格ないし等級の下限から引き下げることはできないと考えられます。

　これは，会計士や税理士で採用したものの，その能力不足等を理由に労働契約上限定されていると解される職務を担当させることが困難である場合で，その職務以外の職務（会計補助業務等）を担うことに同意いただけない場合，会計士や税理士で想定した給与からの引下げもできないこととなり，事務所として大変困った状況に陥ることとなります。

　この場合は，もはや会計士や税理士としての労働契約を維持することはできない場合に当たり，能力不足等を理由とする解雇の問題，あるいはその前提としての退職勧奨の問題として考える必要が生じます（この点は88ページ**Q18**，123ページ**Q25**をご参照ください）。

Q18 降格・降給（級）③

　私の事務所には，入社時にはそれほど仕事ができないようには見えなかったのですが，入所してからあまりにも仕事ができなくて困っている職員がいます。この職員は，高学歴で税理士資格を持っているのですが，いわゆる「コミュニケーション障害」なのか，周りのスタッフと協調して仕事ができません。また，クライアントを怒らせることも多々ありました。

　本音は離職させたいのですが，本人は頑張っているつもりで辞めていただく理由がありません。そこで客を怒らせたり期日が間に合わないといったトラブルの生じない，アルバイト程度の簡単な仕事だけを任せることにしていますが，この業務内容では採用時に決めた給料では高すぎます。

　この職員の給与を下げたいのですが問題ないでしょうか。職員の採用後に給与の見直しが可能な場合がどのようなときかと併せて教えてください。

A　職員の給与の見直し（引下げ）は，①本人の同意に基づく場合と，②就業規則（給与規程等）で定められている降格ないし降級の規程に基づく場合に可能と考えられます。

　ご質問の場合も同様ですが，そもそも職務内容を税理士業務からアルバイト程度の補助業務に変更すること自体にも本人の同意が求められるでしょう。給与額の引下げを伴う職務内容変更について本人に同意してもらうためには，本人に事態を正確に理解してもらうこと，つまり，この職務内容変更は，雇用を維持するための事務所からの提案であることを理解してもらうことことが有効であると考えます。

解　説

1　給与を引き下げる方法として大きく 2 つの方法があります

　ご質問は，税理士の有資格者で当然に税理士業務に従事することを想定して採用したが，周りのスタッフと協調して仕事ができない，クライアントを怒らせてしまうことから，アルバイト程度の仕事しか任せられず，他方，業務の変更に合わせて給与の見直し（引下げ）をしたいという案件です。そこで，まず，給与額の引下げをする方法について検討します。

　職員の給与額は，労働契約の中でも重要な労働条件として，労働契約や就業規則（給与規程等）で定まっています。この給与額を引き上げる場合には，特段本人も争わないでしょうから，問題となることはまず考えにくいのですが，給与額を引き下げる場合には，本人が争うこともあり得るでしょう。その場合，給与額を引き下げる方法として，①本人の同意に基づく場合と，②就業規則（給与規程等）で定められている降格ないし降級の規程に基づく場合が考えられます。この点はすでに前問（**Q17**）で説明したところですので，詳細についてその解説を参照ください。

　①については，本人に，当初想定した税理士業務を任せることができず補助業務をしてもらうしかない，この場合，給与が見合わないので，給与の見直し（引下げ）をしたい旨説明し，本人の同意のもとに給与を引き下げることが考えられます。

　しかし，本人が同意しない場合であっても，②のように，例えば職能資格制度を設けている事務所であれば，職能資格制度を定める規程においてそのような制度内容（どのような場合に降格・降級の対象となるか等）を明示，つまり降格・降級の根拠規定を設け，根拠規定に定める降格事由・降級事由に該当する相当な理由がある場合には，降格・降級は可能であり，その新たな降格・降

級後の資格・等級に応じた給与に引き下げることが可能と解されています。

　また，職務等級制（ジョブ・グレード制）や役割等級制を設けている事務所であれば，等級を引き下げる根拠規定を設け，根拠規定に定める降級事由に該当する相当な理由がある場合には，降級は可能であり，その降級後の等級に応じた給与に引き下げることが可能と解されています。

2　給与引下げの限界

　前記**1**で説明したように①本人の同意がある場合や，②の職能資格制度あるいは職務等級制や役割等級制における降格・降級の根拠規定があり，かつ，この根拠規定に定める降格・降級事由に該当する相当な理由がある場合には，給与額の引下げは可能です。

　もっとも，すでに前問（**Q17**）で説明したとおり，一般に，会計士あるいは税理士といった資格保有者と事務所との間の労働契約においては，その職務の内容が特定されている（具体的には，会計士の職務や税理士の職務に限定されている）と解されますので，注意が必要です。

　すなわち，会計士や税理士に対しては，本人が労働契約上限定されていると解される職務以外の職務（例えば会計補助業務等）を担うよう，労働契約の内容を一方的に変更することはできません。そのため，職務を変更すること自体について本人の同意が必要と解されます。

3　ご質問の検討〜雇用を維持するための職務の限定の見直し，給与額の見直しの必要性を理解いただくこと

　税理士業務ではなく会計補助業務を担ってもらうこと，そして，それに相応した給与額に引き下げることを事務所から提案した際に，その給与額に本人が同意しない（遡って職務内容の変更そのものに同意しない）ことが想定されます。この場合に，事務所としてどう説明し，本人の理解を得るべきでしょうか。

前記2で述べたように，そもそも税理士の有資格者と事務所との労働契約において，その職務は税理士業務に限定されていると解されます。したがって，税理士にその業務を担う能力・適性がないとその労働契約を継続することはできません。

　この場合，事務所としては当該税理士との労働契約を一方的に解約する，つまり解雇をせざるを得なくなります。もちろん，いきなり解雇をするのではなく，できる限り解雇を回避するための努力，雇用を維持するための努力（例えば，ご質問のように同意に基づく職務内容の変更など）や，退職勧奨による労働契約の合意解約の努力が求められると思います。そのうえで解雇をする，という場合には解雇もやむを得ないと解されます。

　以上の点からすると，事務所から本人に対し，①周りのスタッフと協調して仕事ができない，また，クライアントを怒らせることが多々あるなど，税理士としての能力・適性に問題があり，事務所として税理士業務を任せられないことについてしっかり説明し，理解を求めること，②それゆえ，本来であれば税理士業務を内容とする労働契約の継続が困難である，つまり，解雇も考えざるを得ないことを理解させ，そのうえで，③事務所としては，本人のことを慮って，会計補助業務であれば雇用を継続したいと考え，その業務に代わってもらいたいと考えているが，それに合わせて給与額の見直し（引下げ）をさせてもらわないとその会計補助業務を担わせることができないことについて理解を求める，というのが1つの方法かと思います。

　そして，本人も事態を正確に理解できれば，事務所からの給与額の引下げの提案に対し同意していただける可能性も高まるように感じます。

Q19 ワークシェアリング（所定労働日の減少）と労働条件の引下げ

　世間では週休3日制という話が出てきているようですが，コロナ禍で出社人数を減らす意味でも弊所でも週休3日制に関心があります。

　休暇を増やした分，残り4日の出社日に振り分けて10時間労働4日間という風にすれば，給与を減額せずに週休3日に移行できると思いますが，この場合も残業手当を払うのでしょうか？

　また，希望する従業員，希望しない従業員とに分かれた場合，就業規則ではどのように書き分けるのでしょうか？

　さらに，8時間×4日間という形で労働時間が減少する場合，給与を切り下げることは認められるのでしょうか？

　週休3日制への移行の具体的手法について，教えてください。

A　週休3日制，すなわち週の所定労働日を5日から4日に減らすワークシェアリングへの移行方法は後述の解説で詳解します。なお，週の総労働時間を減らさずに週4日勤務に移行する場合，1日当たりの労働時間数が8時間を超えることになりますが，変形労働時間制を導入することによって移行可能であると考えられ，この場合残業手当を支払う必要はありません。

解　説

1　ワークシェアリングには様々な種類がある

　ワークシェアリングとは，雇用機会，労働時間，賃金という3つの要素の組み合わせを変化させることを通じて，一定の雇用量を，より多くの労働者の間で分かち合うことを意味します（平成13年4月26日厚生労働省発表「ワークシェアリングに関する調査研究報告書」）。同報告書によりますと，その類型は，

① 雇用維持型（緊急避難型）として，一時的な景況の悪化を乗り越えるために，従業員1人当たりの所定内労働時間を短縮し，社内で多くの雇用を維持するためのもの
② 雇用維持型（中高年対策型）として，中高年の雇用を確保するために，中高年の従業員を対象に1人当たりの所定内労働時間を短縮し，社内でより多くの雇用を維持するためのもの
③ 雇用創出型として，失業者に新たな就業機会を提供することを目的として，国または企業単位で労働時間を短縮し，より多くの労働者に雇用機会を与えるもの
④ 多様就業対応型として，正社員について，短時間勤務を導入するなど勤務の仕方を多様化し，女性や高齢者をはじめとして，より多くの労働者に雇用機会を与えるためのもの

があります。
　ご質問では，勤務の仕方を多様化するとともにコロナ禍の中での出勤数を減らそうというものですから，上記①のワークシェアリングに当たると解されます。

Q19　ワークシェアリング（所定労働日の減少）と労働条件の引下げ

2 1日当たりの労働時間を増やす方法

ご質問は，ワークシェアリングを導入し，週5日勤務を週4日勤務とした場合で，賃金を減らさないように，1日の勤務時間を従前の8時間から10時間とすることは可能か，また，この場合，2時間分の時間外勤務手当の支払いが必要となるか，ということでした。

法律では，1日8時間，週40時間が上限と定められていることから所定労働時間としてはこの時間の枠内で設定する必要があります。ただし，例外的に変形労働時間制によって1日の勤務時間を8時間以上とすることが可能です。例えば，1か月単位の変形労働時間制であれば，1か月当たり，1週平均で40時間以下であれば，たとえ1日当たりで8時間を超える日があっても時間外割増賃金を支払う必要はありません。

1か月単位の変形労働時間制を導入する方法は次のとおりです。

変形の期間を1か月以内としたうえで，	①　就業規則または労使協定で，変形期間を，平均して1週間当たりの労働時間数が法定労働時間数の40時間以内になるように，また，変形期間の起算日，各日各週の所定労働時間を具体的に定めること
	②　就業規則で定める場合，事業場の従業員の過半数代表者の意見書を添付して所轄の労働基準監督署長に届け出ること
	③　労使協定の場合は，有効期間を定めて，所轄の労働基準監督署長に届け出ること

3 ワークシェアリングの導入方法（週4日勤務制を導入することを念頭に）

1週間当たりの勤務日数を週5日から週4日に変更することで，もともと職員と事務所との間で締結していた所定労働日が変わることになります。また，

これによって週当たりの総労働時間数が減少する場合，賃金もそれに見合い減少となるのが通例であり，この場合は賃金の不利益変更に当たる可能性があります。

　さらに，週当たりの総労働時間数を変えない前記2の場合であっても，変形労働時間制を適用し，1日の所定労働時間が増えるという不利益変更に当たる可能性もあります。

　いずれにしても，このような労働条件の変更については，本人の同意が必要であり，ワークシェアリングの適用においては，対象者の同意が必要になると解されます。

　次に，ワークシェアリングの適用を当該職員の意思だけで決めてよいかという問題があります。適用をするかどうかの決定権については，いったん制度適用をした場合でもその後に問題が発生するなどといった理由からその適用を取り消す必要もあること等を考えますと，その決定権はやはり事務所が持つべきかと思います。

　そこで，本人が上記労働条件の変更を了解のうえで週4日勤務への変更を申し出て会社が許可した場合にはじめてワークシェアリングの適用を認める方法がよいと思います。

　すなわち，就業規則に，新たに週4日勤務制とするための以下の定めを規定し，公正なルールをもって運用するのがよいでしょう。

①　その勤務制の適用を受ける場合の要件（対象者（申告者）を，希望者全員とするか，それとも適用を認める部署の所属員に限る等）
②　対象者として勤務制変更に伴う給与額変更等の労働条件の変更に同意のうえで自ら申請すること
③　適用期間（例えば適用期間を1年とし，毎年許可手続きが必要である等）
④　事務所の許可が必要であること（申請に対し，事務所が許可した場合に

認める。認めた場合でも支障があると判断した場合，許可を取り消すことがある等）

　なお，「8時間×4日間という形で労働時間が減少する場合，給与を切り下げることは認められるのでしょうか？」というご質問について，結論として，ワークシェアリング適用は，本人の同意のもとに行いますので，給与を切り下げることは可能と解されます。

　また，その同意を得る場合の給与の減額率については，ワークシェアリングに関する裁判例ではありませんが，週40時間労働制導入による労働時間の短縮に伴って，その労働時間の短縮率を超えない範囲で従業員の基本給を減額された事案で，労働者は労働時間の短縮という大きな利益を得ていること等から，その変更の合理性を肯定した裁判例（九州運送賃金規程変更事件・大分地判平成13年10月1日労判837号76頁）があります。

　この裁判例を参考にしますと，ご質問のケースでは，所定労働時間数が従前の週5日から4日に減少し，その代わり，その短縮率に合わせて給与を5分の4を下回らない程度に引き下げるのであれば，その不利益の程度は許されるものと解されます。

第 **3** 章

メンタルヘルス
....

メンタル不調の職員の休暇期間はどれくらいにするのが適切でしょうか？

A 　後述する企業の実態調査，メンタル不調による休職の特徴などから，休職期間としては，その企業規模に応じて3か月から6か月間，さらに6か月超から1年間（もちろんこの期間以上が可能であればその期間）あたりがよいように思います。

解　説

1　休職制度は雇用を守るためのもの

　職員が，自らの健康上の問題（業務上災害ではなくあくまで自らの傷病という意味で「私傷病」といわれています）を理由に事務所を休まざるを得ない場合，労務の提供ができないことから，本来であれば，労働契約を維持できないとして解雇の対象になり得ます。

　しかしながら，長期雇用の場合，怪我をしたり病気をしてある程度の期間仕事を休まざるを得ない等，私傷病で勤務できない場合も十分に想定されることから，その雇用を守るべく，一般にほとんどの企業で休職制度を設け，療養に必要な一定程度の期間を休職期間とし，その間に療養・回復し，復職することを求める，復職できない場合は，自然退職（あるいは解雇）とする取扱いをしています。

　このように，休職制度は雇用を守るためのいわば解雇回避措置というべきも

のです。

2　メンタル不調で休職する場合，長期化することも少なくない

　身体的な傷病の場合は，相当な期間の療養により回復し，再発するおそれも少ないケースが多いと思われますが，メンタルヘルス不調，心の病の場合，療養にはある程度の期間が必要となり，長期化することも少なくなくありません。また，療養しある程度回復し，症状が安定する（寛解）ということはあっても完全に回復するというのが難しい，さらに，再発するおそれも少なくないともいわれています。

　昨今，企業においてはこのメンタル不調による休職の例が多く，私の職務上の相談件数等からも，復職後の再発や，休職期間満了による退職等をめぐり，問題となるケースも増えている，と感じます。

3　休職期間の上限が６か月〜１年の企業が最も多いが，企業規模によってはそれよりも短い傾向もある

　では，上記のようなメンタル不調者の休職も含め，休職期間はどの程度が適切なのでしょうか？

　私傷病における休職期間について独立行政法人労働政策研究・研修機構が2017年10月〜11月にかけて行った調査で，7,471社が回答した結果は**図表３**のとおりです（「JILPT　調査シリーズN0.181　2018年７月『病気の治療と仕事の両立に関する実態調査（企業調査）』」）。

　休職期間は，企業全体として「６か月超から１年まで」が最も多く（19.0％），次いで「３か月超から６か月まで」（13.9％），「１年超から１年６か月まで」（11.4％），「１か月超から３か月まで」（11.0％）となっています。１年超の割合は正社員規模別にみると，規模が大きくなるほど高くなる傾向となっています。

図表3　休職期間での所得補償期間の上限（SA，単位＝％）

		所得補償期間の上限											1年超・計
		1ヵ月以下	3ヵ月超から1ヵ月超まで	6ヵ月超から3ヵ月超まで	1年まで6ヵ月超から	1年超から1年6ヵ月まで1	1年6ヵ月超から2年まで2	2年超から2年6ヵ月まで2	2年6ヵ月超から3年まで3	3年超	上限なし	無回答	
全体		20.3	13.4	9.6	12.0	13.6	3.9	0.7	1.5	0.6	3.5	20.9	23.8
正社員規模	10～29人	21.9	15.3	10.1	11.1	8.9	2.9	0.2	1.2	0.4	3.9	24.2	17.5
	30～49人	18.4	11.5	8.3	13.2	15.8	5.3	0.5	1.3	0.5	3.9	27.3	27.3
	50～99人	20.0	10.5	10.4	13.8	22.3	4.9	1.3	1.9	0.5	2.9	11.6	33.8
	100～299人	14.6	8.1	7.4	14.7	32.9	5.9	2.2	2.2	1.1	1.2	9.6	45.5
	300～999人	8.8	4.8	7.0	14.8	32.9	9.7	5.5	5.5	2.3	0.4	8.2	56.3
	1000人以上	5.8	4.6	3.2	8.5	25.9	12.7	8.1	15.0	8.3	0.1	1.7	70.1
業種	鉱業、採石業、砂利採取業	23.3	9.5	7.4	7.0	11.0	2.5	0.4	1.0	-	6.9	30.9	21.8
	建設業	19.6	16.2	9.6	11.4	9.9	3.5	0.4	2.2	0.1	4.0	23.3	20.1
	製造業	15.9	10.6	9.0	14.1	17.8	4.6	0.5	1.2	0.6	2.8	23.0	27.5
	電気・ガス・熱供給・水道業	18.4	9.1	11.5	8.8	20.3	8.1	4.7	5.7	2.5	1.4	9.5	42.7
	情報通信業	18.1	14.4	12.7	11.6	16.6	6.0	2.5	1.3	1.6	4.8	10.4	32.8
	運輸業、郵便業	22.6	10.6	9.2	11.2	15.2	1.9	0.6	0.8	0.7	4.7	22.7	23.9
	卸売業、小売業	20.8	14.3	10.6	11.7	11.8	3.8	0.4	1.1	-	2.8	22.0	20.5
	金融業、保険業	10.1	8.0	9.5	12.4	17.9	9.9	6.3	7.3	5.1	1.6	11.9	48.1
	不動産業、物品賃貸業	16.6	12.2	7.6	9.5	11.7	10.1	2.1	1.7	1.6	1.6	25.3	28.8
	学術研究、専門・技術サービス業	23.9	14.4	12.4	12.4	16.5	3.6	0.8	2.9	1.5	3.3	8.2	28.6
	宿泊業、飲食サービス業	27.3	12.8	13.7	5.2	14.0	2.1	0.3	0.4	0.1	4.2	19.8	21.1
	生活関連サービス業、娯楽業	21.2	12.9	9.1	13.2	12.8	3.8	-	1.3		7.7	18.0	25.6
	教育、学習支援業	14.3	14.2	10.0	14.1	12.4	6.7	2.6	5.6	1.8	2.9	15.5	32.0
	医療、福祉	22.6	15.6	5.8	14.1	11.7	2.6	0.2	1.1	0.2	3.4	22.7	19.2
	複合サービス業（郵便局、協同組合など）	8.5	8.4	10.0	10.6	21.9	15.1	6.1	6.5	1.3	1.3	10.8	52.7
	サービス業（他に分類されないもの）	18.6	12.9	9.5	11.4	15.1	5.1	1.7	3.3	1.0	3.0	17.9	28.9

※「1年超・計」は、「1年超から1年6ヵ月まで」「1年6ヵ月超から2年まで」「2年超から2年6ヵ月まで」「2年6ヵ月超から3年まで」「3年超」「上限なし」の合計。

（出所）独立行政法人労働政策研究・研修機構（JILPT）「調査シリーズNo.181　2018年7月『病気の治療と仕事の両立に関する実態調査』」

　メンタル不調による療養については，前記2のように長期化の傾向があるということを踏まえますと，休職期間としてより長期にしておくことも考えられますが，他方，人員配置の問題として長期間社員籍を残していくことができるか，という企業側の経営上の都合もありますので，やはり，そのような配慮ができる規模の大きい企業でないと長期の休職期間を設定することが難しいという面もあります。

　このような点を考えますと，上記の調査結果にあるように，休職期間としては，その企業規模に応じて3か月から6か月間，さらに6か月超から1年間（もちろんこの期間以上が可能であればその期間）あたりがよいように思います。

☞ 参考情報

私傷病休職に関する規程で検討が必要と思われる内容

　私傷病休職，特にメンタル不調を理由とする休職については，療養にはある程度の期間が必要となり，長期化することも少なくありません。また，療養しある程度回復し，症状が安定する（寛解）ということはあっても完全に回復するというのが難しく，再発するおそれも少なくないともいわれています。また，メンタル不調以外の傷病でも再発するおそれのある傷病もあります。そのため，就業規則において私傷病休職について，下記のような規定を設けている企業もあります。参考にしてみてください。

【条文例】

（休職）

第●条　会社は社員（但し，試用期間中の者を除く）が次の各号の一に該当するときは休職を命ずる。

　(1)　業務外の傷病による欠勤が連続して3か月間（休日を含む）に達し，引き続き療養を要するとき

　(2)　私事により，本人の申請により会社が認めたとき

　(3)　公職に就任し，会社業務に専任できないとき

　(4)　会社の命令により出向するとき

　(5)　前各号のほか，会社が特に必要と認めたとき

2　前項第1号の「欠勤」は，欠勤の中断期間が1か月未満の場合は前後の欠勤期間に通算し，連続したものとのみなす。※

（※私傷病を理由とする欠勤について，欠勤期間の途中で出勤し，また欠勤することを繰り返す場合に休職を命ずることができない，という事態を防ぐためです。）

（休職期間）

第○条　休職期間は次のとおりとする。

　(1)　前条第1項(1)の事由による場合

　　　　勤続10年未満の者：3か月間

　　　　勤続10年以上の者：6か月間

但し，前条第１項(1)による休職は，同一傷病（類似の傷病を含む）については１回限り（但し，第×条第３項の場合を除く）とする。※

（※原則，同一傷病での休職は１回とする（但し，短期間で再発した場合で，所定の期間について残期間を利用する場合は第×条第３項による，とするものです））

　(2)　前条第１項(2)の事由による場合：原則３か月以内で会社が許可した期間

　(3)　前条第１項(3)から(5)の事由による場合：会社が必要と認めた期間

２　会社が特に必要と認めた場合，前項の期間を延長することがある。

（休職中の取扱い）

第△条　休職期間中は無給とする。但し，第●条第１項(4)の場合は別に定める。

２　第●条第１項(4)の場合を除き，原則として休職期間は勤続年数に算入しない。

（復職）

第×条　第●条第１項(4)の場合を除き，休職期間満了までに休職事由が消滅したときは，社員は速やかにその旨を会社に報告し，復職願いを提出しなければならない。休職の事由が傷病による場合，社員は復職願いに医師の診断書を添付して提出しなければならない。この場合，会社は必要と認めたときは，本人に会社指定の医師の診断を受けるよう命ずることがある。

２　会社は，休職期間満了までに休職事由が消滅したと認めた場合，復職を命ずる。

３　第●条第１項(1)の事由により休職した者が，復職後６か月以内に同一または類似の傷病により欠勤するときは，欠勤開始日より休職とし，これによる休職期間を復職前の休職期間と通算する。※

（※短期間での再発について，同一または類似の傷病の場合の休職可能な期間を，休職期間の上限から復職前に使用した期間を差し引いた残りの期間に限定するものです）

（自然退職）

第▲条　第●条第１項(1)および同項(2)により休職を命じられた者が休職期間満了時に復職できないときは，休職期間満了日をもって退職とする。

（注）上記下線部（このように当然に退職となることを自然退職といいます。）について「休職期間満了日をもって解雇する」という規定を設けている企業もあります。この場合は自然退職と異なり，解雇の意思表示，解雇予告などが必要となります。一般には，このような意思表示が不要な自然退職とする制度としている例が多いと思われます。

Q20　メンタル不調と休職期間

Q21　パワハラを理由とするメンタル不調者への対応

メンタルが不調で休んでいる職員から「私が体調を悪くしたのは，〇〇税理士からのパワハラが原因です」との申し出がありました。どうしたらよいですか？

A　事務所として事実を把握し適正な措置を講ずるために，迅速に事実調査を行い，パワハラの事実を確認した場合は，加害者とされている職員に対し，就業規則に定める懲戒が相当な場合には懲戒処分を行う必要があります。また，その後の職場の環境を整えるために，場合によってはその職員の配置を変えるなどの人事措置も行う必要があります。

解　説

1　パワハラとはどのようなものか

パワーハラスメント（パワハラ）の内容については，労働施策総合推進法30条2第1項によると，①優越的な地位を背景とした，②業務上必要かつ相当な範囲を超えた言動により，③労働者の就業環境が害されるもの，をいうとされています。

この①として，職務上の地位が上位の者の言動はもとより，たとえ同僚や部下であってもその者が業務上必要な知識や豊富な経験を有しており，その者の協力がなければ業務を円滑に行うことが困難な場合，さらに，同僚または部下からの集団による行為で，これに抵抗又は拒絶することが困難な場合等が考え

られます。

　また，②の言動としては，具体的には業務上明らかに必要性のない言動，業務の目的を大きく逸脱した言動，業務遂行の手段として不適当な言動，さらに当該行為の態様や手段が社会通念に照らして許容される範囲を超える言動などを挙げることができます。

　さらに，③は，当該言動により，労働者が身体又は精神的に苦痛を与えられ，就業環境が不快なものとなったために能力の発揮に重大な悪影響が生じる等の当該労働者が就業するうえで看過できない程度の支障が生じることをいいます。

　この判断は，平均的な労働者の感じ方，すなわち，同様の状況で当該言動を受けた場合に，社会一般の労働者が就業するうえで看過できない程度の支障が生じたと感じるような言動であるかどうかを基準になされます。

　代表的な行為類型は，以下の6つです。

● 　身体的な攻撃（暴行・障害）
● 　精神的攻撃（脅迫・名誉棄損・侮辱・ひどい暴言）
● 　人間関係からの切り離し（隔離・仲間外し・無視）
● 　過大な要求（業務上明らかに不要なことや遂行不可能なことの強制・仕事の妨害）
● 　過小な要求（業務上合理性がなく能力や経験とかけ離れた程度の低い仕事を命じることや仕事を与えないこと）
● 　個の侵害（私的なことに過度に立ち入ること）

2　パワハラにより被害者の健康が害された場合の責任を事務所が負うこともある

(1)　パワハラによる健康被害のおそれ

　パワハラは，被害者のみならずその周囲にいる同僚たちに対してもストレス（心理的負荷）を与え，ときにはメンタル不調を与えることもあり，これらの

者に健康被害が生じかねません。

　また，パワハラによる職場環境の悪化により，職員の業務効率が落ちるばかりか，そのような職場で働きたくないと感じた職員が退職してしまう事態も生じかねません。それまで仕事を通じて成長してきた職員が離職してしまうということは，事務所にとっても大きな痛手になります。

(2)　加害者，事務所が負うべき法的責任と発生防止の対策は？

　では，パワハラの加害者，さらに，加害者を雇用している事務所はどのような法的責任を負うのでしょうか？

　まず，加害者ですが，パワハラは違法な行為なので，被害者に対して民事賠償責任を負うことになります。この場合の賠償すべき内容としては，被害者が健康被害を生じた場合であれば，事務所を休業したことによる損害（休業損害），治療費等の費用，慰謝料（当該加害行為により被った精神的苦痛に対する慰謝料，入通院慰謝料），後遺症が残った場合の慰謝料及び逸失利益などが考えられます。

　次に，加害者を雇用していた事務所は，その加害行為が，業務あるいは業務に密接に関連した行為から生じた場合には，いわゆる「使用者責任」として，事務所も加害者と連帯して加害者と同様の民事賠償責任を負います。

　また，事務所は職員が仕事をしやすいように職場環境を整備する義務があります。ハラスメントが生じてしまう職場は，環境として芳しくなく，事務所として職場環境整備義務を尽くしていないと評価され，ひいてはこの義務違反を理由とする民事賠償責任を負うことも考えられます。

　特にハラスメントが生じていてそれでも後記3に述べるような事実調査や適正な措置が取られず，何ら職場環境を改善しなかった場合には，職場環境整備義務違反を問われるリスクが高いので，注意が必要です。

　したがって，常日頃から，特に職員の上司となり得る立場の者に対し，決してハラスメントをしてはならないことを研修等で啓蒙しハラスメント自体が発生しないように指導・教育すべきです。

また，特に，部下への指導に熱心でまじめな上司ほど，何とか部下を育てたいと願い，その指導に対して改善が見られない部下を腹立たしいと感じ，つい言動が過激化してしまうという傾向が見られます。この背景の1つに，仕事ができない等問題社員への教育・指導を当該上司が自分1人で抱え込んでしまっている状況があると考えられます。

　そこで，問題社員への対応は，当該上司だけではなく，事務所全体の問題として取り組むこと（事務所のさらに上位の役職者が本人と面談し，改善を促す，事務所として問題社員への再教育プログラム（いわゆる業務改善プログラム（Performance Improvement Program）を行うこと）を検討するとよいと思います。

(3)　パワハラの申し出に対する迅速かつ適正な措置が重要

　では，パワハラの被害者とされている職員からパワハラの被害の申し出があった場合はどうしたらよいのでしょうか？

　この場合は，事務所として事実を正確に把握し，適正な措置を講ずるために迅速に事実調査を行います。そしてパワハラの事実を確認した場合は，加害者とされている職員に対し，就業規則に定める懲戒が相当な場合には懲戒処分を行う，その後の職場の環境を整えるために場合によってはその職員の配置を変えるなどの人事措置も行う必要があります。

　職員の配置を変える場合，加害者である職員を異動させるのが原則となります。非のない被害者の職員を異動させるのは被害者の職員が自ら他の部署への異動を希望する場合以外は，公正な人事という観点からはしないほうがよいでしょう。

3　ハラスメントの事実調査における留意点は？

　ハラスメントの事実調査をするに当たり，事情聴取の順番や事情聴取における留意点について説明します。

ハラスメントの事実調査は，加害者とされる人・被害者とされる人，さらに目撃者などの第三者のいずれから事情聴取を始めるべきか，その順番が問題となります。一般には，まずは被害者とされる人から，いつ，誰から，どこで，何を，どのようにされたか，をできる限り具体的に聴き，その言動を目撃した人がいるか，いる場合には誰が目撃していたか，また，自分がハラスメントの被害を被ったことについて，誰かに相談していたか，メールや日記などにメモしていないかなどを聴き，併せてその裏付けとなる証拠も提出してもらいます。

　次に，問題となっている言動の目撃者等の第三者については，事情聴取において，事情聴取の内容については一切開示しないことを書面で誓約させる，あるいは業務命令書によって一切の開示を禁止（同命令書に違反した場合は懲戒の対象となることを明示）したうえで，事情を聴取する必要があります。

　そして，上記の事実確認を終え，裏付けとなる資料も整えたうえで，加害者とされている人から事情を聴取します。この加害者とされる人が被害者とされる人や目撃者等第三者に不当に圧力をかけるおそれがある場合は，そのような不当な接触を禁止する旨の業務命令書の交付が必要になる場合もあります。

　なお，加害者とされる人への事情聴取の際に留意すべきことは，最初からハラスメントがあったと決めつけて聴取をするようなことはしない，ということです。加害者とされる人は，あくまで被害者とされる人からの供述などでハラスメントがあったらしいというだけで，その事実は明確ではなく，加害者とされる人の言い分を聞かずして決めつけるのは本人の尊厳を傷つけることになるからです。

　それゆえ，まずは，1つひとつの事実の有無を確認するとともに，事実を認めた場合でも，どのような趣旨，意味でそのような言動をしたのかなど言い分を聴くとともに，事実を否定した場合でも被害者とされている人がそのような受け止め方をしてしまった言動として，被害者が主張する言動（例えば，言葉遣い等）に近い言動がなかったか，丁寧に確認する必要があります。

　そして，これらの事実調査の結果，その事実に基づいて，ハラスメントと評価できるのかを検討することになります。

Q22 メンタル不調休職から復職した者に対する労務管理

メンタルの不調で休んでいる職員を復職させましたが，その後も調子が悪い，あるいはあまりきつい仕事をするとまた再発するかもしれません，と言うので，他の職員の半分程度しか仕事をさせられません。他の職員からも不満も出ているのですが，どうしたらよいでしょうか？

A 他の職員の半分程度しか仕事をさせられない，という事態を放置すると，他の職員が不満に思い，事務所に対する信頼をなくすことになりかねません。そこで，早急に適切な措置，具体的には，本人の調子が悪い原因を探り，その原因ごとに，再度の休職や場合によっては退職勧奨，解雇などの措置を講ずる必要があります。

解　説

1　私傷病休職あるいは傷病欠勤から復職させるために必要な確認事項とは？

　私傷病休職から復職させるためにまず必要なことは，その休職の原因とされている私傷病が治癒していることを確認することです。この治癒とは，休職する前の原職（元の職務）を通常通り行える健康状態に復していることをいいます。

　この治癒について，当然に本人の主治医からの診断書で勤務可能との診断書が提出されていると思いますが，その診断書だけから直ちに会社として治癒し

ていると判断してよいかというと，もう少し慎重に判断する必要があります。

　復職面談で本人と面談し，本人の様子（健康状態の確認，受け答えにおける様子）を確認することはもとより，産業医の先生がいれば産業医の先生にも面談してもらい，産業医の意見を聞くことも１つの方法です。また，復職に当たり配慮すべき事項についても，本人の同意のもとに，適宜主治医とのやり取りや主治医との面談を通じて主治医に確認することも必要かと思います。

　企業によっては，本当に就業させて大丈夫かどうかを確認するためにいわゆる一定期間（例えば２週間とか１か月間など）リハビリ出社（試し出社）をさせて復職の可否を判断するという方法を取っているケースもあります。

2　復職後の仕事ぶりが悪い場合の対応方法

　主治医等の診断から，治癒している，つまり，休職前の原職の業務を通常通り行える健康状態に復したとして，事務所は復職を認め復職させた場合，本来であれば，復職後は（当初，仕事に慣れるまでの勤務時間等の配慮は必要ですが），通常の仕事をしてもらえるはずですし，他の社員が不公平感を抱くような業務量の軽減は必要ないはずです。

　しかし，復職してもメンタル不調がまだ十分に治っていないことが原因かわかりませんが，調子が悪い，また，きつい仕事をすると再発するかもしれないと言って，事務所の上司が指示する業務に難色を示す，そのような様子を見た上司が通常通りの仕事を与えにくくなり，結果として，他の職員の半分程度しか仕事をさせられない，という事態は実際に起こり得ることです。

　事務所としては，このような状態を放置することは，本人が他の職員の半分程度しか仕事をしない分，他の職員にその分の業務負荷がかかり，その不公正さから他の職員が不満に思い，事務所に対する信頼もなくなるなど，事務所内の秩序が維持できなくなります。そこで，早急に適切な措置を講じる必要があります。

　このような場合の対処方法として，まず大事なことは，本人の調子が悪い原

因を把握することです。まだメンタル不調が治っていないことが原因か否かについて，本人の同意のもと，休職中のメンタル不調を診てもらっていた主治医に見解を求め，メンタル不調が原因であれば，現在の体調不良はもともとのメンタル不調がまだ治癒していない，つまり休職前の原職の業務を通常通り行える状況に復していないことの表れであるということになります。

　この場合，事務所の休職制度として，同一傷病における休職がまだ可能である（例えば，「復職後，同一または類似の傷病の場合で 6 か月以内に休職する場合はこれによる休職期間を復職前の休職期間と通算する」といった規定があり，かつ，休職可能な最長期間から復職前の休職期間を差し引いた残期間がまだある等）場合には，休職可能な期間，再び休職をして療養してもらう，ということを検討すべきだと思います。

　他方で，同一傷病での休職がもはや認められない（すでに復職前の休職において休職可能な最長期間を使用した，あるいは残期間において療養しても治癒することが困難であるとの主治医の見解が出された等）場合は，休職という措置を取れないこともやむを得ないと解されます。

　このような健康状態では労働契約を継続することは事務所として困難であると解され，労働契約を解約する（解雇）を検討せざるを得ないと考えらます。ただ，この場合，直ちに解雇措置を行うということではなく，上記の状況にあることを説明し，本人に転進を勧め（退職勧奨），できる限り解雇を回避する努力は必要だと思います。

　他方，本人の調子が悪い原因が復職前のメンタル不調によるものではなく全く別の私傷病によるものである，ということであれば，その治療についての診断書を求め，休職が必要な場合であれば，別の私傷病による休職として認めるかどうかを，事務所の休職制度に照らして判断することになります。

　いずれにしても，早急に，本人の調子が悪い原因を探り，その原因ごとの対応が必要であると考えます。

第 **4** 章

問題職員への対応

Q23 業務指示に従わない職員への対応

　弊所には当初記帳要員で採用した税理士志望の40代後半の女性職員がいます（税理士試験受験歴は10年超）。この職員は「私は税理士を目指しているので」と言って記帳業務以外の庶務的な仕事は「これ私がやるんですか?」と拒否し続けています。

　仕事のお願いに拒否し続ける態度に次第に周りも嫌気がさして，彼女に仕事の指示をするのはメール（彼女がメールを無視しないようCcに上司を入れて）でのやり取りで行うようになりました。

　その後，彼女は「心療内科医の勧めで会社を辞めることにします」と仕事に疲弊したことを理由に弊所を退職することになりました。彼女の態度に嫌気がさしてメールでのみ仕事の指示を行っていましたが，「業務の指示をすべてメールで行い続けたのはパワハラだったかな?」と気がかりです。私の行いはやはり問題でしょうか?

　また，業務内容に対する彼女のような態度には，どのように対応するのがよいか教えていただけないでしょうか?

 A　当該女性職員に対してだけ，口頭でのやり取りが一切なく，メールだけでの指示をしていたことがパワーハラスメントに当たるかというと，ご質問でいただいた情報からは当たらないと解されます。

　ただ，当該女性職員への対応としては，その態度を放置するのではなく，本人に，業務指示に従わないということは本来許されないことであることについて認識を持たせる必要があります。

　そして，なぜそのような態度をとるのか，その理由について本人から聞き，本人の説明に合理性がない場合はその旨を伝えるべきです。また，

事務所の業務としては他の職員との協調が必要であることを伝え，本人の考えと違いがあればそこをよく諭し，改善を求めます（いわゆる注意処分や警告処分）。それでもなお改善しない場合に，そうした改善に応じないことをもって懲戒する，というステップを踏むことが肝要です。

解　説

1　職員は業務指示に従う義務があります

　まず，ご質問の女性職員（以下，説明の便宜上「A職員」といいます）について，記帳要員で採用したとありますが，採用時の説明や事務所における人員体制等から，事務所としても他の庶務的な仕事に従事してもらうことが当然の前提で採用し，A職員も当然にそのことを承知していた，というのであれば，事務所として，庶務的な仕事を指示することは十分に可能です。そして，そのような業務指示を受けたA職員はその指示に従い，庶務的な仕事もしなければいけません。

　ご質問には，「仕事のお願いに拒否し続ける」とありますが，本来であれば，庶務的な仕事の指示は事務所からするとお願いではなくあくまで指示です。これに対し，A職員は拒否することはできず，従わなければなりません。後述しますが，もし，拒否をし続けた場合には，懲戒の対象となります。

2　適正な業務指示はパワハラにならない

　どのような場合にパワーハラスメントになるのかについて，要点だけ指摘しますと，職場におけるパワーハラスメントとは，①優越的な地位を背景とした，②業務上必要かつ相当な範囲を超えた言動により，③労働者の就業環境が害されるもの，をいうとされています（104ページ**Q21**参照）。

この③について，他の職員と異なり，Ａ職員に対してだけ口頭でのやり取り
が一切なくメールだけでの指示であったということで，就業環境が不快であり，
就業するうえで看過できない程度の支障が生じていた，という主張をＡ職員が
行う可能性がないとはいえません。

　ここは，メールでのやり取りの回数・頻度やそのメールの内容（言葉遣い
等）などから，同様の状況で当該言動を受けた場合に，社会一般の労働者が，
就業するうえで看過できない程度の支障が生じたと感じるような言動であるか
どうかによって判断されます。

　この③が仮に認められるとしても，ご質問で問題となるのは，Ａ職員に対し
てだけ，口頭でのやり取りが一切なく，メールだけでの指示をしていたことが，
②の，業務遂行の手段として不適当な言動，さらに当該行為の態様や手段が社
会通念に照らして許容される範囲を超える言動に当たり得るか，ということか
と思います。

　まず，Ａ職員への指示の仕方の目的は，事務所全体の業務分担の点から，Ａ
職員にも庶務的な仕事を指示するためですから，正当性があると考えられます。
そして，メールだけでもっぱら指示したのは，嫌がらせではなく，これまでの
Ａ職員への指示は口頭で行ってきたが，Ａ職員から拒否され続けてきたので，
そのような口頭でのやり取りではＡ職員への指示が記録に残らず，また，上司
も了知しないおそれが大きいことから，いずれの要請も満たすメールでの指示
が相当であると判断したためとのことでした。

　このようなメールでの指示をするようにしたことは，その手段が社会通念上
の許容範囲を超えた言動であるとは評価できないと考えます。

　以上から，Ａ職員に対してだけ，口頭でのやり取りが一切なく，メールだけ
での指示であったということは，パワーハラスメントには当たらないのでない
かと考えます。

3 問題社員への対応はどうしたらよい？

　ご質問のように，業務指示に対して拒否するような態度をとる問題職員に対してどのような対応をすべきでしょうか？

　本来，職員は業務指示に従わなくてはならず，その業務命令自体が理由のないものであるなど業務命令権の濫用に当たるような例外的な場合を除き，原則これを拒否することはできません。

　そして，本来，業務指示に従わない場合，就業規則に定める懲戒事由（例えば，「業務指示に従わないとき」等）に当たり，懲戒処分の対象となります。このことは当然の前提として問題社員には認識させるべきです。

　ただ，業務指示に対して拒否する態度を示した，という場合にいきなり懲戒をするのではなく，なぜそのような態度をとるのか，その理由について本人から聞き，本人の説明に合理性がない場合はその旨を伝え，また，事務所の業務としては，他の職員との協調が必要であることを伝え，本人の考え違いがあればそこをよく諭し，改善を求めます（いわゆる注意処分や警告処分）。それでもなお改善しない場合に，そのことをもって懲戒する，というステップを踏むことが肝要です。

Q24 情報を漏洩する職員への対応

　弊所の元職員が在籍中にSNS等で勤務先の批判をしたり，業務資料や顧客の情報を持ち出すことがありました。こうした情報漏洩を防ぐためにとるべき法的処置を教えてください。

　また，万が一在籍中にSNS等による情報漏洩が発覚した場合に，事務所がとるべき法的処置についても教えてください。

A　職員には，事務所の批判を外部に発信するなどして事務所の名誉，信用を害さない，あるいは事務所の営業上の秘密を保持すべき義務（守秘義務）があります。

　このような義務があることを職員に自覚させるために，就業規則や誓約書で明示しておく必要があります。また，SNS等による情報漏洩が発覚した場合には，直ちにそのSNS等での情報漏洩を止めさせ，適正な措置（損害賠償，懲戒，刑事責任の追及等）を講じる必要があります。

解　説

1　職員は，事務所の信用を毀損する行為や秘密漏洩をしてはならない

　事務所と職員との間には労働契約が締結されており，職員は労務を提供する義務を負うとともに，契約当事者間の信義誠実の原則（民法1条2項に定めるいわゆる信義則）に基づく義務として，相手方である事務所の利益を害さない

義務を負っていると考えられています。

　この義務の1つとして，例えば，事務所の批判を外部に発信するなどして事務所の名誉，信用を害さない，あるいは事務所の営業上の秘密を保持すべき義務（守秘義務）が認められます。これに反したことにより事務所が被った損害の賠償を求めることが認められますし，就業規則に基づき懲戒処分（重大な場合は懲戒解雇）を行うことも可能でしょう。

　さらに，退職後においても，元職員は元の使用者である事務所の利益を害さない信義則上の義務を負っていると解されており，退職した後でも，事務所の批判を外部に発信するなどして事務所の名誉，信用を害さない，あるいは事務所の営業秘密である顧客情報を持ち出さない，あるいは持ち出した顧客情報を利用しない，などの義務が認められます。これに反した場合，事務所は事務所が被った損害の賠償を求めることが認められます。

　ただ，これらの内容について，職員がそのようなことをしてはいけないということを就業規則に明記しておくことは，職員に理解を促すために極めて有用です。参考までに就業規則例を挙げておきます。

Q24　情報を漏洩する職員への対応

就業規則

第○章　服務規律
　　　　　・
　　　　　・
　　　　　・
（営業秘密・個人情報の管理）
第○条　職員は，業務上知り得た事務所の営業，人事，経理等の営業秘密，事務
　　所が業務上機密としている情報及び事務所の不利益となる事項について，一切
　　漏洩してはならない。退職後も同様とする。
2　　職員は事務所が定める個人情報保護規定を遵守し，取引先・顧客その他事務
　　所の役員・職員等の個人情報について利用目的を超えた取扱いや開示漏洩をし
　　てはならない。退職後も同様とする。
　　　　　・
　　　　　・
　　　　　・
（禁止事項）
第●条　職員は次に掲げる行為を行ってはならない。
　　　　　・
　　　　　・
　　（●）業務上，あるいは私行上を問わず，不特定多数の閲覧に供される可能性
　のある場（SNS等のソーシャルメディアを含む）において，職員としてふさわし
　くない不適切な発言や情報発信等により事務所の名誉を傷つけ，又は損害を与え
　ること。
　　　　　・
　　　　　・

※上記のように服務規律において禁止する行為について，懲戒処分の懲戒事由においても，
　同様の行為を懲戒の対象とする旨明記するのがよいと思います。特に，情報漏洩や事務所
　に対する名誉毀損行為は事案によっては重大な非違行為となることも想定し，懲戒解雇の
　対象になり得ることを想定して規定することが肝要です。

　このような就業規則の定めとともに，職員の意識を高めるために，入社時，
あるいは管理職登用時などにおいて，上記の内容を誓約させることも情報漏洩
防止策として有力な方法だと思います。

2　SNS等で情報を漏洩していることが発覚した場合の対応

　前記1でご説明したとおり，職員には，事務所の利益を害さない義務があり，例えば，事務所の批判を外部に発信するなどして事務所の名誉，信用を害さない，あるいは事務所の営業上の秘密を保持すべき義務（守秘義務）が認められます。そして，この義務に違反した職員に対する損害賠償責任を認めた裁判例もありますし，懲戒解雇を有効と判断した裁判例もあります。

　さらに，漏洩された情報が不正競争防止法にいう「営業秘密」，すなわち，①秘密として管理されている，②生産方法，販売方法その他の事業活動に有用な技術上又は営業上の情報で，③公然と知られていない情報に当たる場合には不正競争防止法により次のような保護がなされています。

　すなわち，労働者が使用者から示された「営業秘密」を，「不正な利益を得る目的で，又はその保有者に損害を与える目的で」使用ないし開示する行為は不正行為の一類型とされ，使用者はこのような使用・開示行為の差止めを求めることができます。また，損害賠償請求，さらに，侵害行為を組成した物の廃棄又は侵害行為に供した設備の除却や信用回復措置などの救済を求めることもできます。

　加えて，使用者から営業秘密を示された役員（理事，取締役等）又は従業員が不正の利益を得る目的で，又はその保有者に損害を与える目的で，その営業秘密の管理にかかる任務に背き，その営業秘密を使用又は開示した者は刑事罰の対象となります。

　以上を前提に，ご質問のケースを検討します。

　まず，SNS等による事務所の情報が当該職員によって漏洩されていることについて，その事実を証明する資料を画像に残すなどして保存しておくことが肝要です。

　そのうえで，当該職員に対し，その事実を確認するとともに，不正競争防止

法で禁止されている不正行為に当たること，また，就業規則・誓約書に違反する行為であるということを認識させ，不正競争防止法所定の刑事罰を求める用意があることを伝え，直ちにそのSNS等への掲載を削除するよう求め，削除させます。

　また，この掲載により被った損害があれば，当該職員に対し，損害賠償を求めることも検討します。さらに，当該非違行為について，就業規則に基づく懲戒処分を検討します。その非違性が強い場合には，不正競争防止法による刑事罰の対象として刑事責任を追及する（具体的には捜査機関に相談し，告訴等の手続きを取る）ことも検討する必要があるでしょう。

　なお，当該職員が，SNS等に掲載した情報の削除要請に応じない場合は，SNSのサイト管理者に削除要請を行うことが考えられます（情報漏洩への対応については154ページ**Q31**の解説も参照ください）。

会計事務所で勤務経験のある方を中途採用しました。ところがこの採用者が，仕事ができない人だとわかりました。解雇した場合には訴訟になり経営者側に不利になる印象がありますので，できるだけ「平穏」に辞めてもらいたいのですが，そのためにはどうすればよいでしょうか？

 退職勧奨をし，本人が理解のうえ，退職いただくのがよいと思います。できる限り平穏に退職勧奨に応じてもらうためには，後述するように，それ相応の誘因が必要です。

解　説

1　本当に仕事ができない人かを確認しましょう

まず，ご質問の当該職員は，他の会計事務所で勤務経験があって中途採用したが，仕事ができない人であった，ということですが，仕事ができないと思われる場合でも，過去の職務経歴との関係で，本人が経験した仕事の仕方がご事務所と異なるということがあり得ます。

このような場合，本人がご事務所の仕事の仕方をつかめば，本来の能力を発揮してもらえる可能性がありますので，その仕方について指導教育を重ねることが必要です。実際，そうした取組みをしている事務所もあります。

このような，いわゆる再生の可能性がある場合にまでミスマッチであるとして退職してもらうのは，採用コストを含めるとかえって事務所のためにはなら

ないと思われることからも，本当に仕事ができない人かどうかの見極めは重要であると考えます。

2 本当に仕事ができず，今後の改善も望めないのであれば，退職勧奨を検討しましょう

次に，前記**1**とは異なり，本当に仕事ができない人で，指導・教育をしても今後の改善が望めないような場合で，さらに他の措置（降格や職務内容の変更等。詳細は**Q16** 〜 **Q18**参照）が難しい場合には，もはや労働契約を維持することは困難であると解され，退職勧奨，すなわち転進を勧め，退職を促すことを検討することになろうかと思います。

3 退職勧奨の方法

退職勧奨の方法は，口頭で行う場合，あるいは書面を交付して行う場合など様々です。いきなり書面というのもどうかと思われたなら，最初は口頭で内容を伝えてもよいのですが，当該職員に理解してもらえない場合もありますし，また，口頭で伝えたらあっさり拒否されるというケースもあります。

そのような場合には，事務所としての考えを正式に伝え，かつ，その内容について本人が理解しやすいように，退職勧告書を交付し，その内容について面前で説明する，という形で正式に退職勧告をするのがよいと思います。

このときの退職勧告書のポイントは，事務所が退職を勧告する理由を具体的に記載し，退職勧告に対する本人からの回答を求める期限を明示し，回答を求めることです。

それでも，退職勧告に応じて退職するかどうかは本人の意思によります。拒否回答の場合は，事務所として，解雇措置を取るのかどうか判断しなければなりません。

事務所として，あらかじめ解雇することを決めているのでしたら，「本退職勧告に応じていただけない場合には就業規則に基づく解雇措置も検討せざるを得ません」ということを記載することもできます（なお，およそ本人の問題性を考慮しても解雇に値しない場合に，上記文言を記載した場合は，本人の錯誤，あるいは，本人への強迫に当たるとして，たとえ本人が退職の意思表示をしてもそれは無効な意思取消の対象になり得ますので，注意が必要です）。

　さて，できる限り平穏に退職勧告に応じてもらうためにはどうしたらよいでしょうか？
　重要となるのは退職勧告に応じるための誘因がどれほどあるかです。
　第1に，退職するのもやむを得ないと本人自身が感じられることです。そのため，なぜ事務所が本人に対して退職を勧告するのか，事務所として雇用を継続するのが困難である事情を本人が理解できるように説明することが肝要だと思います。
　すでに，本人自身が事務所に迷惑をかけている自覚があるのであれば事務所の説明を理解してもらいやすいかもしれません。これに対して，本人が事務所に迷惑をかけているという自覚に欠けている場合は，退職勧告に対して拒否反応を起こし，感情的になる，あるいは反論をしてくるケースも少なくありません。しかし，このようなケースでも事務所側が感情的になってはいけません。
　冷静になって，本人に反論があれば書面で提出してもらい，その反論について事務所の見解を書面で示すなど，本人により冷静に考えてもらう機会も必要かもしれません。
　会社として解雇も辞さないという場合，つまり解雇してその解雇の効力を争われても解雇が有効と判断されるような相当な理由があるような場合は，退職勧告をする理由が最も強力な場合であろうと思います。
　この場合も，事務所として，「解雇をせざるを得ないが，あなたのことを慮り，解雇はできるだけ回避したいので退職勧告をする次第である」ことを本人に伝え，本人もそのような状況であることが理解できれば，退職するのもやむ

を得ない，と感じるのではないでしょうか？

　第2に，退職後の経済的な観点から，事務所から何らかの配慮があると，より退職の誘因になりやすいです。

　本人が転職を円滑にできればよいのですが，退職に当たり転職先が決まってないケースも少なくなく，その場合，退職した翌月からの給与がなくなってしまい，生活への不安を拭いきれません。

　そこで，退職後の生活の保障という意味でも，退職一時金あるいは退職慰労金として一時金を支給するという経済的な優遇措置があると，ない場合に比べより退職を選択しやすいといえます。また，転職支援サービス（アウトプレースメント会社での転職支援を受けられる）があると，より退職についての不安を和らげる効果が期待できます。

　では，退職一時金ないし退職慰労金としてどの程度の金額が妥当でしょうか？　これは，事務所として本人に退職を求める理由の相当性（本人の問題性の有無，程度），本人の問題性についての立証の可能性・容易性，本人の希望等，事案ごとにそれぞれ異なります。

　ただ，労働審判における調停（和解）の状況等，また，解雇の場合の予告手当が約1か月分であることや，労働審判に至っていない話し合いでの解決を目指すということであれば，私の経験に照らし，あくまで私案ですが，月例給与の3か月分から6か月分程度（本人の問題性について立証が容易であるようなケースで解雇も辞さずという場合は金額が低い方向に。立証が困難であるようなケースは金額が高めの方向に）と考えられます。

　もちろん，あくまで本人が退職に応じるか，という観点で，本人の希望から上記金額にさらに上乗せして合意に至るケースもありますので，上記の金額の幅はあくまで参考程度の数値であることはご理解ください。

　以下，参考までに，退職勧告書のサンプルをお示しします。

令和○年○月○日
○○○○殿

○○○○株式会社

人事部長○○○○

退職勧告書

　当事務所は，以下の理由から，貴殿が当事務所を退職し，転進されるのが双方にとって最良であると考えますので，貴殿に対し，本年○月●日をもって当事務所を退職されるよう本書面をもって正式に勧告します。本勧告に対し，本年○月×日（×）××時の所定終業時刻までに貴殿から最終回答いただきたくお願いします。なお，同時刻まで貴殿から回答がない場合は本勧告を拒否されたものとみなします。
す。※1

　貴殿も重々承知されているとおり，当事務所は貴殿を経験ある税理士として本年△月△日に中途採用し，その後，有資格者として当事務所の会計業務を任せてきましたが，本日までの●か月間の仕事ぶりからは，当事務所として貴殿にもはやこれ以上会計業務を任せるのは困難であると判断しました。
以下，貴殿の勤務ぶりについて具体例をいくつか挙げます。

１．上司への報告，連絡，相談がない　※2

　　　例えば，本年△月●日において，貴殿は・・・

　　　また，・・・

２．顧客，他の職員とのコミュニケーションが図れない

　　　例えば，本年△月×日において，貴殿は・・・

　　　また，・・・

-
-
-

※1：退職勧告に当たり，例えば退職条件として退職一時金を支払う用意がある場合，「なお，退職条件について話し合う用意があります。」ということを付言する場合もあります。

※2：どのような問題性があるのか，それぞれの項目ごとに，具体例をいくつか挙げるとにより，問題性を説得的に伝えることができます。

本人が退職勧告に応じることになった場合，事務所と本人との合意に基づく労働契約の解約（いわゆる合意解約）となりますので，後々争いにならないよう，合意書を締結することが大切です。

参考までに，合意書のサンプルもお示しします。

合意書

　○○会計事務所（以下，「甲」という）と○○○○（以下，「乙」という）は，甲乙間の労働契約の解約について以下のとおり合意した。

1. 甲と乙は，両者間の労働契約を令和○年○月●日をもって合意解約し，乙は同日をもって甲を退職（退職勧奨による会社都合退職※）する。
2. 甲は乙に対し，令和○年○月●日までの所定の給与支払いのほか，退職一時金として金○○○○円（税引き前金額）を令和○年○月×日限り，乙の給与振込口座に振り込む方法により支払う。なお，振込手数料は甲の負担とする。
3. 乙は業務上知り得た甲の機密情報（個人情報を含む）を第三者に開示しない。
4. 甲と乙は，今後お互いを誹謗中傷するなど相手方の不利益な行為はしない。
5. 甲と乙は，本合意書に定めるほか，何らの債権債務が存しないことを確認する。

甲：東京都○○区○○町●－●
○○会計事務所　代表＿＿＿＿＿＿印
乙：東京都●●区●●町×－×
○○○○　印

※退職の扱いについて，自己都合退職としたい人もいるので，話し合いで退職の扱いを決めてください。

第 **5** 章

退職・解雇をめぐる問題

....

Q26 退職の有効性

日ごろから他の職員との間でトラブルメーカーとなっているA職員に対し，事務所所長である私が面談し，Aの言動を改めるよう指導したところ，A職員は立腹してその場で「だったら辞めます」と言ってきました。しかし，その翌日になって，A職員は私に対し，「やっぱり事務所を辞めません」と言ってきました。このような退職の申し出の撤回は認めなければいけませんか？できれば退職扱いにしたいのですが……。

A A職員の「だったら辞めます」という発言は，所長からの指導に対して立腹しての衝動的な発言と解され，自主退職の意思であると評価することは困難であると思われます。したがって，この発言のみをもって退職扱いにすることは難しいと考えます。

解　説

1　退職には，辞職と合意解約がある

労働者が退職する場合，次の2つに分類することができます。

すなわち，辞職と合意解約です。辞職は，労働者が一方的に労働契約を解約するというものです。合意解約は，労働者と使用者が合意により労働契約を解約することです。

両者の違いは，次のような場面に現れます。

まず，辞職は，労働者からのその意思が使用者に到達すればその効力が生じます。他方，労働者からの合意解約の申入れの場合，使用者が承諾をしてはじめて合意解約の効力が生じるとされています。

　したがって，労働者が示した意思を撤回しようとする場合，辞職の場合は，辞職の意思が使用者に到達してしまうと撤回は使用者の同意がないとできません。他方，合意解約の申入れの場合は，使用者が承諾する前であれば撤回することができます。

2　口頭での退職の意思は慎重に扱うべし

　前述したとおり，退職の意思表示は，辞職と解される場合，あるいは合意解約の申入れと解される場合とがありますが，いずれも，書面によらず，口頭で行うことも可能です。

　ただ，口頭による場合，それが退職の意思表示であると評価するには慎重な判断が必要であると解されています。

　裁判例でも，労働契約は，生活の糧を稼ぐために締結する契約であり，かつ，社会生活の中でかなりの時間を費やすこととなる契約関係であることから，労働者がこのような労働契約を自ら解消して自主退職するというのは，極めて重要な意思の表示になるとして，単に口頭で自主退職の意思表示がされても，それだけで直ちに自主退職の意思であると評価するには慎重にならざるを得ないとしてその評価を否定したものもあります。

　他方，口頭での意思表示であっても，その他の客観的な行為の積み重ね，例えば，口頭による退職の意思表示をしてから，何日間も出社せず，音信を絶っている，あるいは退職のために会社から貸与されている鍵や携帯電話の返還の手続きを行ったり，社会保険終了の手続きを取るといった行為を重ねて，退職の意思表示と評価することは可能と考えられます。

3 ご質問の検討

　ご質問のケースで，A職員が「辞めます」と発言した経緯は，言動を改める
よう指導され，立腹してのことであり，衝動的な発言と解されます。そのこと
はその翌日に翻意して「辞めません」と言ってきていることからも明らかです。
そうすると，前記2でご説明したとおり，「辞めます」との発言を直ちに自主
退職の意思であると評価することは困難であると考えます。

Q27 私傷病による休職と期間満了による自然退職

　当事務所では，勤続10年以上の職員が私傷病となった場合，1か月の傷病欠勤でもなお復職できない場合，最大6か月間の傷病休職を認めています。今回，傷病休職をしていたＡ職員からその休職期間満了日前日に復職の申請書とその裏付けとなる診断書が届きました。このような場合も復職を認めなければなりませんか？

A　休職期間満了間近だからといってすぐに復職を認めるのではなく，休職期間の満了を，暫時必要な期間延長することとし，そのような措置について当該職員に理解を求め，そのうえで，その期間内で復職の可否を慎重に判断すべきです。

解　説

1　私傷病による休職と期間満了

　職員が，自らの健康上の問題（「私傷病」）を理由に事務所を休まざるを得ない場合，本来であれば，労働契約を維持できないとして解雇の対象になり得るところ，長期雇用の場合，怪我をしたり病気をしてある程度の期間仕事を休まざるを得ない等，私傷病で勤務できない場合も十分に想定されることから，その雇用を守るべく，ほとんどの企業で休職制度を設けています（休職期間については98ページ**Q20**参照）。

　多くの企業の休職制度では，療養に必要な一定程度の期間を休職期間とし，

その間に療養・回復し，復職することを求める，復職できない場合は，自然退職（あるいは解雇）とする取扱いをしています。

　この休職の発令は，傷病欠勤が例えば1か月間とか3か月間継続した場合に休職を発令する，という方式を取っている例が多いと思います。ご質問のケースでも，当事務所で，勤続10年以上の職員が私傷病となった場合，1か月の傷病欠勤でもなお復職できない場合，最大6か月間の傷病休職を認めている，とのことです。

2　復職可否の判断

　では，前記1のような方式で実際に休職に入ったA職員からその休職期間満了日前日に復職の申請書とその裏付けとなる診断書が届いた場合，どのような措置を取るべきでしょうか？

　一般に復職については，その復職の可否を使用者が判断するうえである程度の時間が必要となりますので，対象者が復職可能となった段階で速やかに復職申請とその裏付けとして復職が可能である旨の診断書を提出してもらう必要があります。

　ただ，療養に時間がかかり休職期間満了間近になって復職可能である旨の診断書とともに復職申請がなされるケースがあります。

　この場合，休職期間満了間近まで復職可能との診断書が出てこなかったことを考えますと，今回復職ができないと退職になってしまうので何とかお願いしたいとの対象者からの強い働きかけが主治医にあったのではないか，との疑いも拭えないところです。しかし，そのような疑いがあるといっても，復職が可能でないということを推察する客観的な資料もない中で，期間内での復職申請である以上，使用者としてその復職申請を拒否することもできません。

　そうはいっても，休職期間満了まで時間がないのですぐさま復職を認めるというのは，判断に慎重さを欠き妥当でありません。たとえ休職期間満了間近とはいえ，期間内に復職申請がなされたことに対し，使用者として慎重に復職可

能かどうかの判断をする必要があると思います。

　そこで，残った休職期間において復職判断が困難であることを踏まえ，休職期間の満了を暫時必要な期間延長することとし，そのような措置について当該職員に理解を求め，そのうえで，その期間内で復職の可否を判断するというのが有用な方法かと思います。

3　ご質問では復職可否の判断をすべき

　ご質問においても，休職期間満了間近だからといってすぐに復職を認めるのではなく，休職期間の満了を暫時必要な期間延長すること（期間を例えば「本年〇月〇日まで休職期間を延長する」とするか，あるいは「判断が必要な期間暫時休職期間を延長する」とする）とし，そのような措置について当該職員に理解を求め，そのうえで，その期間内で復職の可否を判断すべきであると考えます。

　なお，復職可能かどうかの判断の方法については，休職の原因とされている私傷病が治癒していることを確認するため，本人の主治医からの診断書に加え復職面談で本人と面談し，本人の様子（健康状態の確認，受け答えにおける様子）を確認することはもとより，産業医の先生がいれば産業医の先生にも面談してもらうなどの方法により慎重に判断する必要があります（詳しくは，109ページ**Q22**の解説をご参照ください）。

Q28 解雇の有効性と解雇紛争における法的リスク

事務所としてはできればしたくないのですが，能力不足や勤務態度不良などの問題職員に対し，どのような場合であれば解雇ができるのかと，解雇をめぐり紛争になった場合，どのようなリスクがあるか教えてください。

A 一般の職員の場合，能力不足や勤務態度不良が著しく，雇用継続が困難であること，また，雇用継続のための努力，具体的には，指導教育を重ねてもなお改善しない，あるいは，本人の適性が合うような業務への配置転換をしてみたが，改善がなかったなどの事情が必要であると解されています。

他方，有資格職員（公認会計士，税理士）の場合，有資格者として会計業務に求められている能力・適性を欠くかどうか，つまり，会計業務遂行に求められる平均程度の能力・適性を欠いているという場合，能力不足として解雇の対象になり得ると解されます。

なお，解雇をめぐり紛争となった場合，当該職員が労働組合に加入し，組合による街宣活動等の組合活動により，使用者の信用が著しく毀損し，営業活動に支障が生じるリスクがあります。また，仮処分申立て，訴訟提起に至ると，事務所が負う経済的負担も大きくなり，果たして訴訟に耐えられるか，という問題もあります。

解　説

1　解雇が有効となるために必要なことは？

　問題職員が一般の職員と，有資格者（公認会計士，税理士）の場合とに分けて検討します。

⑴　一般の職員の場合

　まず，事務所との間で期間の定めのない労働契約を締結している無期雇用の職員を前提に考えます（期間の定めのある有期雇用の職員の場合は後記⑶を参照ください）。

　有資格者の補助業務や一般の事務業務（事務所の総務的な業務等）をその業務内容として採用した場合には，特に前職等の経験等を基にその経験や能力を期待して採用した場合は別として（この場合は後記⑵の有資格者のように職務を限定しての採用と解され，もともとその業務能力・適性が備わっていることが前提とされ，解雇理由としての能力不足についての判断が緩やかになる可能性があります），一般には事務所からの指導，教育によりその能力の向上が見込まれ，また，長期雇用を前提として採用していることから，能力不足や勤務態度不良については，著しくその程度が劣悪であり，雇用継続が困難であること，また，雇用継続のための努力，具体的には，指導教育を重ねてもなお改善しない，あるいは，本人の適性が合うような業務への配置転換をしてみたが，改善がなかったなどの事情が必要であると解されています。

　また，勤務態度不良については，その程度が著しく，また，その改善を求めてもなお改善しないことが必要であろうと解されます。特に，勤務態度不良については，事務所の就業規則で，服務規律違反として規定され，また，懲戒事由に規定されているのが一般です。

　そこで，注意をしてもなお本人が改善しない場合に，懲戒処分を行い，それでも改善しなかったという経緯があると，事務所として雇用を継続するための

努力として改善を求めた大きな証になると解されます。

(2) 有資格者（公認会計士，税理士）の場合

有資格者（公認会計士，税理士）と事務所との間で期間の定めのない労働契約を締結していることを前提に考えます（期間の定めのある有期雇用の有資格者の場合は後記(3)を参照ください）。

有資格者の場合，その資格を基にその専門的知識，能力を用いて会計業務に従事することが想定され，会計業務に職務を限定して採用されたと解されます。当然のことですが，当該職員に，有資格者として会計業務を行える能力・適性が備わっていることが前提とされています。

したがって，一般の職員と異なり，能力不足かどうかの判断は，有資格者として会計業務に求められている能力・適性を欠くかどうかとなります。つまり，会計業務遂行に求められる平均程度の能力・適性を欠いているという場合，能力不足として解雇の対象になり得ると解されます。

また，有資格者として会計業務に従事することを期待して採用しているわけですから，本人の適性が合うような業務への配置転換などの雇用継続の努力は必ずしも必要ではないと解されています。

(3) 有期雇用の職員の場合

一般の職員であれ，有資格者の職員であれ，期間の定めのある有期雇用職員の場合，事務所は以下の点に留意する必要があります。

雇止めにおける注意	期間途中での解雇における注意
有期雇用契約は，契約期間の満了をもって終了するのが原則ですが，このように，契約を更新せずに終了する（雇止め）ことが問題なる場合があります。 　①期間の定めはあるものの，事実上期間の定めがないに等しいような場合（例	有期雇用契約の場合，少なくとも定められた期間雇用することが約束されていますので，その期間内の事務所からの途中解約（解雇）は，「やむを得ない事由」がある場合でないと認められません。 　これは，期間の定めのない無期職員の

えば，更新手続きを一切せずに漫然と契約更新が重ねられている等），あるいは②契約が更新されるものと期待することについて合理的な理由があると認められる場合（例えば，従事している業務内容，それまでの更新回数，他の有期職員の更新状況，契約締結時の説明内容等から契約が更新されると期待したことについて合理性があると判断されるような場合），これらの場合には雇止めはそれ相応の場合，つまり，雇止めに客観的に合理的な理由と社内通念上の相当性がないと認められません。

場合の解雇に比べ，より限定的な場合でないと認められないことを意味します。この「やむを得ない事由」とは，期間満了まで雇用を維持することが困難な場合をいいます。

例えば，能力不足であれば，期間途中の解雇が認められるためには，その能力不足が，期間満了まで雇用を継続できないほどの重篤な状態（例えば，このまま仕事を任せれば重大な事故につながるおそれが高い等）であることが必要となります。

2 解雇をめぐり紛争になったらどうなる？

　仮に問題職員（以下，説明の便宜上「Ａ」といいます）を解雇した場合，Ａは，職場を失い，翌月以降の給与をもらえなくなります。まさに解雇によって生活の糧を失うことから，Ａが解雇に納得がいかない場合には，労使紛争に至るおそれが多分にあります。Ａは，解雇の効力を争うために，主に次のような行動を取る可能性があります。

(1) 労働局のあっせん手続き
　解雇された職員が，各都道府県の労働局の紛争調整委員会における個別労働関係紛争のあっせん手続きを利用することが考えられます。

　これは，あっせん委員が当事者双方から事情を聴き，事案に即した事件の解決，具体的には話し合いによる解決（和解）を目指す制度で，原則1期日だけの手続きです。事務所がこのあっせん手続きに参加するか否かは任意です。

　この制度を利用する場合の事務所のメリットは，早期解決を図ることが可能

であること，解雇の場合，事務所が退職前提での金銭解決を目指す場合には，この制度に係る日数が少ないため，解決金の金額の水準も低いケースが少なくないことです。デメリットは，和解のために事務所にも歩み寄った姿勢が必要となるため，全面対決をしたい場合には向いていないところです。

(2) 労働組合に加入し，労働組合からの団体交渉の申入れ

Aが，1人でも加入ができる地域の労働組合（「合同労組」とも「コミュニティーユニオン」ともいいます）に加入し，労働組合から事務所に，解雇撤回，即時職場復帰等を求めて団体交渉の開催を求めてくるケースも考えられます。

このような労働組合との団体交渉のメリットは，話し合いが円滑に進めばコスト的に安く収まる可能性があることですが，他方，相手の労働組合が過激な姿勢を示し，労使紛争が激化し，その点での会社の信用毀損，労働組合対応のコスト増にもなりかねない，というデメリットがあります。

(3) 裁判所での労働審判手続

裁判の長期化を防ぎ，迅速かつ適正な解決を目指す制度として2006年（平成18年）4月から導入されたのが労働審判手続です。

各地方裁判所において，裁判官1名と労働関係の専門的な知識経験を有する者2名（労使それぞれから1名ずつ）によって構成される合議体（労働審判委員会）が紛争処理を行い，原則3回以内の手続きで集中的に審理し，調停（話し合いによる合意）を試み，調停による解決ができない場合には審判官（裁判官が務める）が審判を下します。

この手続きのメリットは，迅速な解決が望める（おおむね申立てから70日余で終局解決に至っています）ということです。解雇の場合，事務所が退職前提での金銭解決を目指す場合には，この制度に係る日数が少ないため，前記(1)のあっせん手続きほどではありませんが，解決金の金額の水準も低いケースが少なくありません。

デメリットとしては，期間が短く，労働審判そのものに当事者として少数の

関係者が出席することはできるものの，特に事務所からすると出席できない社員の証人尋問の機会がないなど審理が十分尽くされづらい，という点を挙げることができ，十分な審理を求める場合には，労働審判より通常訴訟の手続きが適していると解されます。

(4) 裁判所での仮処分申立手続，通常訴訟手続

　裁判で解雇無効，労働者の地位確認の訴え等を行う場合，その判決まで1年から2年かかることが想定されます。その間，労働者側は無給で戦うことは経済的に困難なため，裁判手続きとして，労働者としての地位保全，賃金仮払いを求める仮処分申立ての手続きが用意されています。

　仮処分の決定が出るまでおおむね3か月から6か月程度かかりますが，その間に和解で解決する場合もあります。この仮処分手続では証人尋問の手続きは想定されていないことから，書証での疎明（立証のこと）が主となります。

　使用者側からすると，本人の問題性を基礎付ける書面の証拠がないと，仮処分申立事件で使用者が解雇の有効性を導くことは困難です。仮処分申立事件で労働者側の申立てが認容されると，使用者はその決定に従い，解雇に遡って，その生活に必要な相応の給与額（給与全額ではなく，裁判所が必要と判断した金額）を相当期間（2年間とか）支払い続けなければなりません。この仮処分申立手続のメリットは，事務所からするとあまり想定できません。

　デメリットは，手続き上，解雇の有効性を導くための十分な立証活動が難しく，仮に地位保全，賃金仮払いを認める決定が出た場合，月々の給与支払いを強いられ，経済的負担が大きくなることを挙げることができます。

　なお，仮処分申立手続を経ても，本来の訴訟で権利義務関係を確定させる必要があります。つまり，通常訴訟として，解雇無効，労働者の地位確認の訴えを起こす必要があります。この通常訴訟のメリットは，労使ともに，証人尋問を含め，十分に主張，立証に時間や労力をかけることで審理を十分に尽くすことができるということです。

他方，デメリットとして，審理に十分時間を費やす分，1年から2年，場合によってはそれ以上の期間がかかることがあります。その間に和解ができれば判決前に終結できますが，終結までに前記の仮処分で賃金仮払いが認められていれば，終結まで事務所として給与の仮払いに応じなければならず，その経済的負担は大きいです。

　そして，判決で解雇無効，地位確認が認められれば，事務所として当該職員を戻し復職させなければなりません。判決に不服であればさらに控訴し，争いが継続することになります。そして，その間，給与の仮払いをしなければならなくなり，その経済的負担はますます膨らみます。

　また，本訴の途中で和解することも可能ですが，その場合の金額は労働者としてもそれまで相応の時間と労力と費用をかけて争っているので，退職前提での金銭解決による和解については和解金額が高額になる傾向にあります。

3　紛争に至った場合のリスクは？

　前記(1)から(4)の各方法のメリット，デメリットをここまで説明いたしましたが，特に，事務所にとってリスクが大きいのが，前記(2)の労働組合対応，(4)の仮処分，訴訟対応です。

　労働組合に対応する最大のリスクは，労働組合は，加入した労働者の雇用を守るため全力で闘うため，労使紛争が激化するおそれが高いということです。そして，その闘争の一環として労働組合は，当該使用者が組合の要求を受け入れるようにするため，例えば，使用者の事業所の前で街宣活動をする，周辺の住宅や近くの駅で使用者を非難するビラを配布する，取引先に当該使用者が不当解雇をしたことを告げ，組合活動への理解を求め，当該使用者への働きかけを促すような文書を送付する等あらゆる闘争手段を駆使してきます。このような組合の活動により，使用者の信用が著しく毀損し，営業活動に支障が生じるリスクがあります。

　仮処分，訴訟対応については，賃金の仮払いが認められれば，事務所として

その後の訴訟対応をするには月々の給与の仮払いをし続ける必要があり，その経済的負担が大きく，果たして訴訟に耐えられるか，という問題があります。早期に和解するにしても前記2で述べたとおり，退職前提の和解であっても和解金額が高額になる傾向にあります。

Q28　解雇の有効性と解雇紛争における法的リスク

第 **6** 章

職員の就業をめぐる
労務管理上の問題

Q29 テレワークと事務所の費用負担

弊所ではテレワークを導入していますが，職員には自宅にノートパソコンを置いて，きちんと作業できるようなデスク，チェアなどを購入して設置させたいと思います。その設置環境を実現するために職員が引っ越しをしたいとなったときに，事務所はその家賃を払わないといけないのでしょうか？

それともそうした道具を支給するのだから，場所くらいは自分で確保しろということで進めても労働法的に問題はないのでしょうか？　もし，作業スペースを確保できるよう，より大きい部屋への引っ越しを求めるといったことはできるのでしょうか？

引っ越し費用は事務所で負担せざるを得ないとは思っていますが，移動を強制するのはよくないのでしょうか？

A テレワークのために，事務所が家賃の負担をするいわれはないと考えます。また，引っ越し費用を事務所が負担するとして，引っ越しを推奨することはできても，事務所が職員に対し，他の場所への引っ越しを命ずることはできないと解されます。

解　説

1　テレワークの導入は強制それとも任意？

もともとテレワークでの就労が前提で入社した職員の場合は，自らがその在宅勤務のスペースが確保できる，ということを前提としての入社ですから，ご

質問のような問題は生じないと考えられます。

　他方，もともと事務所での勤務が前提で入社した職員に対して，在宅勤務を命ずることは労働契約の一方的な変更であり，本来できません。あくまで職員がテレワークを希望する場合でないと，在宅勤務に移行させることは困難であると解されます。

　また，希望した職員全員に対し，テレワークを適用するのでしょうか？この点に関しては，テレワークができる環境にある職員のみにテレワークの適用を認める，という取扱いに合理性があると解されます。したがって，ご質問のケースに関して，このような作業スペースが確保できる職員を対象にテレワークを認める，ということは十分に合理性があると解されます。

　テレワークができる環境にない職員に対して，テレワークができる環境にすることについて事務所が助力をする場合は，例えば，ご質問のようにその器具備品としてのデスクやチェアーを事務所が用意してあげる，ということは考えられるところです。テレワークができる環境にするためもっと広い場所に転居するための家賃を事務所が負担するといったサポートを事務所ができるのであれば，それも望ましいことです。しかし，そのようなテレワークができる環境に住むことを事務所として強いる，つまり引っ越しを命ずる場合でもない限り（なお，そのように引っ越しを命じることができないことは後述するとおり），そのような転居の費用（引っ越し代，家賃等）を事務所が助力しなければならない理由はないと解されます。

　そもそも，ご質問のように事務所が職員に対し，他の場所への引っ越しを命ずることはできるかというと，職員の居住の自由まで制約することはできないと解され，命ずることは困難でしょう。例えば，ご質問のように，引っ越し費用を事務所が負担するとしてできるのは，引っ越しを推奨する，ということまででしょう。

Q29　テレワークと事務所の費用負担

2　テレワークにかかる費用は誰がどのように負担すべきか

　テレワークを導入するに当たり，テレワークの適用を受ける職員に対し，例えば，その通信費や自宅での光熱費は誰が負担するのか（本人あるいは事務所か）が問題となります。仮に光熱費は職員が負担する，というように職員が負担する費用があれば，労働基準法により就業規則（「在宅勤務規程」等）で労働者が負担する定めをしなければなりません。例えば，次のような規定です。

在宅勤務規程

　・
　・

（費用の負担）
第○○条　在宅勤務者が会社貸与の情報通信機器を利用する場合の通信費は事務所負担とする。
　　2　業務に必要な郵送費，事務用品費，消耗品その他会社が認めた費用は事務所負担とする。
　　3　在宅勤務に伴って発生する水道光熱費は在宅勤務者の負担とする。
　　4　その他の費用については在宅勤務者の負担とする。

　上記例のように，在宅勤務に伴って発生する水道光熱費やその他の費用（例えば通信回線使用料等）については，プライベートと業務に費やした分の算出は困難です。

　そのため，多くの企業では，水道光熱費や通信回線使用料などの費用をカバーするための定額の在宅勤務手当を支給しています。その金額は，実例として，月額3,000円〜5,000円程度，日額で200円〜250円程度といったところです。

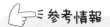参考情報

「不合理な相違」の禁止

　職員の中で有期労働契約の職員やパート（所定労働時間が通常の職員と比べ，短い職員）がいる場合で，無期労働契約の正職員には在宅勤務を認め，有期の職員やパート職員には在宅勤務を認めない，という取扱いをした場合には問題が生じるおそれがあります。パート有期法という法律で，無期労働契約の職員と有期労働契約の職員あるいはパート職員との間の不合理な相違が禁じられているからです。

　例えば，有期労働契約の職員に任せている業務の内容，性質からして在宅勤務が困難であるのに対し，無期労働契約の正職員の業務は在宅勤務で可能というような場合であれば，上記の相違は不合理とは解されませんが，その業務の内容から有期労働契約の職員も在宅勤務が可能であるような場合は不合理とされ，労使トラブルになるおそれがありますので，注意が必要です。

Q30 マイカー通勤中の事故と事務所の責任

　職員が通勤で私用車を使用し，交通事故を起こした場合，会計事務所側が負う責任範囲と責任をできる限り小さくするために取るべき方策を教えてください。

 例外的な場合は除き，一般に通勤途中での事故について事務所が賠償責任を負うことはないと解されます。

　通勤において私用車を利用する場合には，必ず事務所にその旨の申告をさせ，事務所として許可するうえで，交通事故に対して十分に損害を補填できるような損害賠償保険（人身事故の場合に保険金「無制限」等）に入っていることを，保険証の証憑の写しなどで確認することが肝要です。また，日ごろ私用車を業務に使用させないようにします。

解　説

1　事務所が責任を負うべき場合がありうる

　職員が私用車で交通事故を起こした場合に事務所が責任を負う場合として，(1)運行供用者責任と(2)使用者責任が考えられます。以下，それぞれについてご説明します。

(1)　運行供用者責任
　これは自動車損害賠償保障法（自賠責法）で認められたもので，職員が被害

者に損害賠償責任を負う場合に，事務所が「運行供用者」とされた場合には，事務所も賠償責任を負うことになります。

この「運行供用者」に当たるためには，①自動車の運行支配，と②運行利益の帰属が必要です。

職員の私用車による交通事故の場合，一般に事務所の業務命令や合意のもとに私用車を業務に使用させている場合や，自動車を使用しなければ業務の遂行が不可能ないし著しく困難であるにもかかわらず事務所が自動車を提供せず，職員の判断に委ねているなどの事情がある場合，事務所は「運行供用者」に当たると解されます。

しかしながら，事務所の業務に一切使用せず，単に通勤のみに使用しているような場合であれば，「運行供用者」には当たらないと解されます。

なお，裁判例で，会社の営業所長が通勤に加え，私用車を使用して得意先回りとしており，会社がその私用車の維持費・修理費を負担していたという事情の下で会社を「運行供用者」と認めた裁判例がありますので，注意が必要です。

(2) 使用者責任

これは民法で認められた責任で，使用者は，被用者（労働者のこと）が「業務の執行」において第三者に加えた損害を賠償する責任を負うというものです。

車両持ち込み運転手のような特別な場合を除き，通勤は，上記の「業務の執行」とはいえませんので，使用者責任は否定されると解されます。

2　事前に取るべき方策は？

一般に，私用車での通勤途中での交通事故について事務所が法的責任を負うことはないと解されます。

ただ，実際に交通事故での被害者が損害の補填を加害者とされる職員から受けることができないと，事務所への賠償請求という問題に発展しかねません。

そこで，通勤において私用車を利用する場合には，必ず事務所にその旨の申告をさせ，事務所として許可するうえで，交通事故に対して十分に損害を補塡できるような損害賠償保険（人身事故の場合に保険金「無制限」等）に入っていることを，保険証の証憑の写しなどで確認することが肝要です。

　また，前記**1**のような例外的な場合に当たらないよう，業務には私用車を使用させないことは徹底すべきかと思います。私用車を業務に使用させることは，事務所が賠償責任を負うことにつながりかねないことを肝に銘ずるべきです。

第6章　職員の就業をめぐる労務管理上の問題

第7章

退職後の
秘密漏洩防止と競業禁止

Q31 退職後の情報漏洩等①

退職した職員が退職後に，SNS等での前職の勤務先の批判や情報漏洩を行っていた場合に，事務所がとるべき法的処置は何でしょうか？

A 後述するように，事務所は，退職した職員に対し，当該掲載内容の削除，損害を被った場合の損害賠償請求，刑事責任の追及を行うことができます。

解 説

1 事務所に対する批判に対する法的措置は？

労働契約の当事者である事務所と退職した職員（説明の便宜上「A」といいます）との間では，たとえ退職後といえども相手方の利益を不当に害してはならない信義則上の義務をお互いに負っていると解され，Aは事務所の名誉，信用を害さない，あるいは営業上の秘密を保持すべき義務があると解されています。

したがって，Aが事務所を批判する内容をSNS等に掲載し，その掲載内容により当事務所の名誉を毀損していると解される場合，その行為により事務所が損害を被った場合には，事務所はAに対し，損害賠償請求をすることが考えられます。併せて，Aに対しその記載内容の削除も求めることもできるでしょう。

また，その程度が悪質な場合には，Aの行為は，名誉毀損罪に当たるとして警察署などに告訴する等により，Aに対して刑事責任を追及することも考えら

れます。

　さらに，掲載内容の削除について，直接SNSのサイト管理者に当該記事が名誉毀損に当たるとして削除を求めることも考えられます。

　SNSのサイトによっては，ウェブ上に削除のためのフォームが設けられている場合もありますので，それを利用することも考えられます。このようなフォームがない場合は，「プロバイダ責任制限法　名誉棄損・プライバシー関係ガイドライン」の基準に則って，SNSのサイトに対して削除を求めることが考えられます。

　また，ご質問のような事態が生じたとすれば，Aに対する退職金の支給をまだしていない段階で，退職金規程等の就業規則に基づいて退職金を一部ないし全額不支給とできる場合には，それに基づき退職金の一部ないし全額不支給とすることが考えられます。

　退職金規程等就業規則に一部ないし全額不支給の規定がない場合であっても，退職後の著しい不信行為，事務所の利益を害する行為があったような場合において，退職金請求そのものが権利の濫用に当たると解されます。このような場合には，事務所として退職金請求を拒むことが可能であると考えます。

2　情報漏洩に対する法的措置は？

　次に，Aが在職中に知り得た情報をSNS等に記載し漏洩しているような場合，前記1に述べたとおり，退職後の職員とはいえ，秘密保持の義務に違反したとして事務所はAに対し，被った損害について，損害賠償請求をすることが考えられます。併せて，Aに対しその記載内容の削除を求めることもできるでしょう。

　また，**Q24**（118ページ）でご説明したとおり，その情報が営業秘密に当たるような場合，不正競争防止法に基づき，開示行為の差止め，損害賠償，記録や掲載記事の廃棄，信頼回復措置などの救済を求めることができると考えられ

ます。

　また，このような情報漏洩行為については不正競争防止法が定める刑事罰に該当する場合もあり得ます。

　すなわち，営業秘密を営業秘密保持者から示された役員又は従事者であった者が，不正の利益を得る目的で，又はその営業秘密保持者に損害を与える目的で，その在職中に，その営業秘密の管理に係る任務に背いてその営業秘密の開示の申込みをし，又はその営業秘密の使用若しくは開示について請託を受けて，その営業秘密をその職を退いた後に使用し，又は開示した者は刑事処罰の対象となります。このような場合に当たると解される場合は，警察署などに相談し，告訴等することによりAに対して刑事責任を追及することも考えられます。

Q32 退職後の情報漏洩等②

ヘッドハンティングで高い報酬を支払って中途採用した人物が，弊所に入所後すぐに辞めてしまいました。この人物はさらには，元の事務所に出戻りしたことが判明しました。

私はスパイ行為を疑っていますし，「転職者の倫理的に問題があるのでは！？」と怒り心頭です。こうした行為に対して何か法律でできることはないでしょうか？

A 当事務所を退職し，元の事務所に出戻りしたこと自体を違法と解し，何らかの請求をする，というのは難しいです。ただ，当事務所の情報を持ち出している，という場合は後述するとおり，そのことを捉えて損害賠償等の法的措置を取ることは可能です。

解　説

1　退職後に元の事務所に戻ること自体は違法ではない

ヘッドハンティングで中途採用した職員が，すぐに辞めてしまうことは稀ではあれ，あり得ることです。

この場合，当事務所（以下，説明の便宜上「X事務所」といいます）とヘッドハンティング会社との契約で，当該職員（説明の便宜上「A」といいます）が採用後，所定の期間内に自己都合退職した場合に，同社への報酬金の一部を返還する旨の規定があれば，その規定に基づいて同社に報酬金の一部を返還し

てもらうことが可能ですが，採用後短期間で退職したとはいえ，Aには退職の自由がありますから，その退職自体を違法として，Aやヘッドハンティング会社に対して損害賠償請求をすることはできないと解されます。

そして，Aには，転職の自由があるということは，元の事務所（説明の便宜上「Y事務所」といいます）に戻ること自体も，Y事務所との共謀によるX事務所のノウハウ等を奪うなどの不当な目的での中途入社・退職であるという事実を立証できる場合でない限り，違法と解し，損害賠償請求をするのは困難です。

スパイ行為を疑う心情は理解できますが，疑惑だけでは残念ながら法的措置を取ることは難しいと思われます。

2　ノウハウなど情報の漏洩に対する法的措置は可能

ただ，例えば，Aのアクセス記録や外部発信記録等から，AがX事務所のノウハウ（秘密として保持されている技術的な情報）などのX事務所保有の情報を，在職中，あるいは退職後において漏洩していることが明らかであるような場合については，こうした情報漏洩に対して次のような対応が考えられます。

まず，入社時等での誓約書ないし就業規則における秘密保持条項，例えば，「在職中，退職後を問わず，業務上知り得たX事務所の情報は業務以外に使用，開示しない」があれば，その条項に違反したとして損害賠償請求をすることが可能と考えられます。

また，仮にそのような条項がないとしても，職員あるいは退職後の職員は労働契約に付随した信義則上の義務として相手方である事務所の利益を害さない義務を負っており，その1つとして秘密保持義務を負っていると解されるため，損害賠償請求をすることが可能と考えられます。

いずれにしても，職員あるいは元職員には秘密保持義務があり，それに違反したとして損害賠償請求をすることが可能と考えられます。その漏洩先がY事務所である場合には，Y事務所に対する不法行為に基づく損害賠償請求も可能

と考えられます。

　また，在職中にそのような不当違法な行為をしていた（不当な目的で在職中に情報アクセスをし，退職後に開示した場合もアクセス自体は在職中であることから在職中の違法な行為をしていた）ことを理由に，もしAの採用時において身元保証契約を締結した身元保証人（例えばAの親族等）がいればその身元保証人に対する損害賠償請求も可能と解されます（なお，身元保証契約期間の関係から契約がなお有効であるか確認が必要です）。

　さらに，Aが漏洩した情報が不正競争防止法の「営業秘密」に当たると解される場合，すなわち，①秘密として管理されている，②生産方法，販売方法その他の事業活動に有用な技術上又は営業上の情報で，③公然と知られていない情報に当たる場合には不正競争防止法により使用・開示行為の差止め，損害賠償請求，さらに，侵害行為を組成した物の廃棄又は侵害行為に供した設備の除却や信用回復措置などの救済を求めることができます。さらに，不正競争防止法で定める刑事罰もあり，法所定の場合には，刑事責任の追及が可能な場合があります（詳細は，**Q24**，**Q31**参照）。

　なお，事実を十分に証明できないなど，上記の措置が直ちに取れる状況ではない場合であっても，Aに対して，少なくとも情報漏洩した場合の法的責任について警告をしておきたい場合もあると思います。

　その場合は，X事務所としては，まず，Aに対して，配達証明付き内容証明郵便などで，情報の漏洩は，不正競争防止法違反に当たり，刑事責任の追及や民事上の損害賠償請求をする用意があることを明示するとともに，身元保証人がいるのであれば，身元保証人に対する損害賠償請求も辞さない旨通告する，ということが考えられます。

　また，Y事務所に対しても，AがY事務所に持ち寄る情報にはX事務所の営業秘密が含まれていて，その開示は不正競争防止法違反となり，それをY事務所が使用することもまた不正競争防止法の規制対象となり得ることを通知し，

警告することも1つの方法かと思います。詳しくは弁護士等専門家にご相談ください。

3　情報が漏洩しないような管理体制が重要

　1，2でご説明したとおり，転職の自由を制限することが難しいことから，事務所の情報や秘密の管理を厳格にし，またそれら重要な情報へのアクセス履歴が残るようにする等情報を持ち出すことについての証拠が残るようにする必要があるでしょう。

　また，人的な管理として，入社時の誓約書，就業規則において，在職中はもとより退職後においても秘密保持義務があること，これに違反した場合は懲戒解雇等の重い処分が予定されており，さらに，損害賠償義務を負うことを明確にすべきかと思います。

　さらに，採用時に親族等と身元保証契約を締結し，本人が違法な行為をすると，身元保証人にも損害賠償義務が生じることを肝に銘じてもらうことも肝要かと思います。

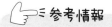 **参考情報**

身元保証契約の上限額の設定

　改正民法（2020年4月施行）により，2020年4月以降に締結ないし更新する身元保証契約については，保証の上限となる極度額を定めないと無効になると解されています。この身元保証の上限は多額であると，かえって身元保証契約を締結してもらえないなどの問題もあることから，採用時の年収の半額から年収分の間で設定している例が多いように感じます。この金額を仮に300万円とした身元保証契約書のサンプルを下記にお示しします参考にしてみてください。

〇〇株式会社
代表取締役〇〇〇〇殿

身元保証書

　この度，貴社に採用されました〇〇〇〇について，その身元を保証するとともに，同人が故意または過失により貴社に損害を与えた場合には，身元保証人として，金300万円を上限（極度額）に連帯して損害を賠償します。
　期間：本契約締結の日より5年間。期間満了の際，改めて5年間の更新契約をする。

〇〇〇〇年〇月〇日
　住所

　　　　　　　　　　　電話番号　　　　－　　　　　－
　　　　　　　　　　　身元保証人 _____　印

161

Q32　退職後の情報漏洩等②

Q33 引き抜き対策

　弊所を退所した職員（別の会計事務所に転職した者に加えて，独立開業した税理士を含む）が，当事務所で担当していた顧客を次に就職した事務所に引き抜いていってしまった場合，この退職した社員に対して責任を追及することが可能でしょうか？

　また，こうした事態を予防するために，例えば，就業規則に「事務所退職後，1年以内は当事務所の顧客に対して営業活動を行ってはならない」という規定を設けるとか，あるいは，「退職後3年間は，担当顧客と顧問契約を締結しない。締結した場合は3年分の当該顧客との顧問料を税理士法人に支払う」という契約を締結し公正証書にしておく，ということは有効でしょうか？

A　退職した職員が当事務所の顧客を引き抜いたことに対して，後述するような例外的な場合を除き，一般には損害賠償請求等の法的措置を取るのは難しいと解されます。

　他方で，顧客引き抜きの予防策として，顧客との取引禁止の条項を就業規則や誓約書に盛り込むことは有用であると考えます。その場合の禁止期間は，2年間や1年間程度が一般的かと思われます。

解　説

1　顧客引き抜きは一般には違法とならない

　一般に，退職した職員（説明の便宜上「A」といいます）が当事務所の顧客

との取引を希望し，実際顧客が当該職員との間で取引を開始することは往々にしてあり得ることです。この場合，顧客もまた退職後のＡとの取引を希望し，当事務所との取引を辞めたというのであれば，いわゆる取引の自由として，Ａの引き抜き行為を非難することは難しいといえます。

　もっとも，その引き抜きの仕方によっては，違法と解される場合があります。すなわち，すでに**Q24**，**Q32**で説明したとおり，職員あるいは退職後の職員は労働契約に付随した信義則上の義務として相手方である事務所の利益を害さない義務を負っています。

　この点から，例えば，Ａが当事務所における情報（事務所の営業秘密である，価格表や顧客リスト等）を悪用して，当事務所より低い価格での営業活動を行ったり，自らが当事務所で担当していなかった顧客についても広く営業活動を行って明らかに当社に損害を与えるような顧客引き抜き活動を行っているなどの場合は，営業秘密の不当な使用ということで，不正競争防止法に抵触しますし，また，信義則上の義務に違反するものとして不当・違法な行為に当たると解されます。このような場合は，当事務所としてＡに対し，損害賠償請求をすることが可能と解されます。

2　顧客との取引禁止の誓約書が有効となる場合がある

　前記のように，顧客引き抜き行為について，損害賠償請求を行うことができる場合は限定的です。また，その事実の立証をするのは難しいと思われます。そこで，むしろ事前に防止する策として，次のようなことが考えられます。

　1つは，Ａが顧客リスト等顧客情報を持ち出すことができないように，当事務所が情報を管理することです。顧客リストへのアクセス権者を限定する，アクセスした場合はその痕跡がデータとして残り，誰が持ち出したか確認できるようにするという管理が有効です。

　なお，本人が担当する顧客を含め，本人が業務上取得した名刺はすべて上長に提出させ，企業の情報財産として一括管理している企業もあります。また，

就業規則に，「顧客情報（顧客の住所，氏名，取引内容等）の業務以外での利用，開示，持出しをしてならない」と規定し，でき得る限り，採用時等において，「顧客情報（顧客の住所，氏名，取引内容等）の業務以外での利用，開示，持出しをしない」旨の誓約をさせることも有用です。

　もう1つは，ご質問にあるように，就業規則において，当事務所の顧客への営業活動，取引を一定期間禁止することを規定し，できる限り採用時等にその旨を誓約させることです。

　このような条項は，退職する職員の転職の自由，営業活動の自由との関係で，競業全般の禁止を誓約する場合と異なり，当事務所の顧客との営業活動を禁止するという形で制限的であり，その不利益の程度は低く，有効と解されます。

　この制限する一定期間とは，これまでの裁判例をみると最長で2年程度と思われますので，2年間あるいは1年間程度がよろしいかと思います。違反した場合，例えば取引停止期間を1年とし，それに1年分の当該顧客との顧問料相当額を違約金と定めた場合，賠償額の予定としてその金額が上限とされるおそれがありますが，それでも構わないということであればそのような規定も可能かと思います。

　ただ，就業規則にその旨を定めても，損害賠償額の予定と解釈されるか疑問です（つまり，この規程による不利益が相応にありますので，個別の同意が必要ではないかと解され，就業規則での定めでは不十分であるとも解されます）ので，誓約書においてそのような規定をすべきかと思います。

第 **8** 章

労働関係の
近時の法改正

Q34 法改正への対応

弊所は従業員10名の会計事務所です。当所ではこれまでも就業規則は，書籍などの「ひな型」を元に作成してきました。しかし，この数年にわたり，様々な労働法の改正があって，法改正に対応して就業規則を更新するとしても，何をどう変えたらよいのかわからなくなっています。就業規則を改正するに当たり，どのような点を見直せばよいでしょうか？

A 近時の法改正を受けて，就業規則を改正するに当たり記載したほうがよいと思われる事項は，①ハラスメント禁止，ハラスメントに対する懲罰，②36協定の上限規制に伴う業務指示命令の明確化，③使用者の年5日の年次有給休暇付与義務です。その他の事項についても後述の内容をご参照ください。

解　説

1　近時改正された労働法令を踏まえた，就業規則の記載で対応すべき事項

近時改正された労働法令を踏まえ，就業規則の記載で対応すべき事項と考えられるものは，次のとおりです。

①　ハラスメント禁止，ハラスメントに対する懲罰
②　36協定の上限規制に伴う業務指示命令の明確化

③　使用者の年5日の年次有給休暇付与義務

以下にそれぞれご説明します。

2　改正された内容に即した規程例

(1)　服務規律，懲戒規程におけるハラスメント禁止，違反に対する懲罰

　すでにセクシャルハラスメントの禁止については規定されているご事務所も多いかと思いますが，労働施策総合推進法の改正や育児介護休業法の改正により，いわゆるパワーハラスメントの防止措置義務や妊娠・出産，育児等に関するハラスメントの防止措置義務が定められましたので，それらのハラスメントの禁止，違反した場合の懲罰などを就業規則に明示し，職員に周知する必要があります。

　また，それ以外のハラスメントも禁止する旨を規定したほうがよいでしょう。

　以下，規定例を挙げますので，ご参照ください。

服務規律におけるハラスメント禁止に関する規程

第●章　服務規律
・
・

（セクシャルハラスメント禁止）
第●条　職務上の地位を利用して他の職員に対し性的な言動により不快な思いをさせ，あるいは交際を強いるなどの行為をしてはならない。
　また，性的な言動により，就業環境を害するような行為はしてはならない。

（パワーハラスメント禁止）
第○条　職務上の地位や人間関係などの職場内の優位性を背景に，業務の適正な範囲を超える言動により，他の職員，その他の関係者に対し，精神的・肉体的な苦痛を与える，あるいは就業環境を害するような行為をしてはならない。

（妊娠・出産，育児休業等に関するハラスメント，その他のハラスメント禁止）

第△条　妊娠・出産等に対する言動，及び妊娠・出産，育児・介護等に関する事
　　務所の制度の利用等についての言動により，就業環境を害するようなことはし
　　てはならない。

2　その他，第●条，第○条，本条第1項に規定するほか，職場におけるあらゆ
　　るハラスメントにより就業環境を害することはしてはならない。

ハラスメント禁止に違反した場合の懲罰

第○章　懲罰

・

・

（懲戒事由）

第●条　職員が次の各号に該当するときは，その軽重に応じ，第×条に定める懲
　　戒処分を行う。

- 性的な言動により，他の職員に不快な思いをさせ，あるいは職場の環境を害
　　したとき

- 職務上の地位や人間関係などの職場内の優勢を背景に，業務の適正な範囲を
　　超えて，他の職員その他の関係者に精神的・身体的な苦痛を与え，または職
　　場環境を害したとき

- 妊娠・出産等に対する言動，及び妊娠・出産，育児・介護等に関する事務所
　　の制度の利用等についての言動により，就業環境を害したとき

- その他，前三号に該当しないハラスメントにより就業環境を害したとき

(2)　労働時間

　Q14でご説明したとおり，労働基準法が改正され，大企業には2019年4月
から，中小企業には2020年4月から，36協定（労働基準法が定めている法定労
働時間を超えて労働させる場合に必要とされる労使協定）で定める労働時間数
の上限が規制されました。

　すなわち，36協定で定める時間外労働の上限は，原則月45時間・年360時間
です。そして，臨時的な特別な事情があって労使が合意する場合（この合意は

「特別条項」とか「特別協定」といわれています）でも，時間外労働は年720時間以内で，時間外労働と休日労働を合わせ月100時間未満，2〜6か月平均80時間以内とする必要があります。また，月45時間を超えることができるのは年6か月までとされています。

　このような上限を超えた内容での36協定は認められません。また，このような上限を定めた36協定を締結しても，それに違反した場合は，労働基準法違反として，そのような時間外，休日労働を指示した事務所の代表者や上長，さらに事務所が刑事責任を負うおそれがあります。

　そのため，そのような事態が生じないよう，職員も事務所の指示に反し36協定の上限を超える労働を部下に指示してはなりませんし，また，職員自ら36協定の上限を超える労働をしてはならない旨を明確に規定し，その遵守意識を醸成する必要があります。

　以下，規定例を挙げますので，ご参照ください。

36協定の上限規制に伴う業務指示命令の明確化

（時間外及び休日労働）
第●条　業務上の都合により所定労働時間を超える時間外，休日労働を命ずることがある。労働基準法の時間外，休日労働に該当するときは，同法の定める労使協定（36協定）の範囲内で時間外，休日労働を命ずるものとし，所属部署の上長は上記の範囲を超えた時間外，休日労働を指示してはならないし，職員もまた上記の範囲を超えた時間外，休日労働をしてはならない。
2　職員は，所属部署の上長の事前の承認なくして，時間外労働，休日労働及び深夜労働をしてはならない。事前に上長の承認を得ることが困難であった場合は，事後速やかに上長の承認を得なければならない。

(3)　年次有給休暇
　わが国の年次有給休暇の取得率が低いことから，労働基準法が改正され，

2019年4月から，使用者の年5日の年次有給休暇付与義務が規定されました。

　具体的には，年次有給休暇（以下，単に「年休」ともいいます）の付与日数が10日以上である労働者を対象に，有給休暇のうち年5日は，1年の間に使用者が時季を指定して消化させなければなりません。この時季の指定については，労働者の意見を聴き，その意見を尊重することとされています。この義務違反には罰則が設けられています。

　なお，労働者が自ら取得した年休や計画年休で取得する年休を上記の5日に含めることが可能ですので，これらの取得がある場合は，年5日からこれらの日数を差し引いてまだ5日に足りない分についてだけ使用者は上記の付与義務を負う，ということになります。

　以下，規定例を挙げますので，ご参照ください。

使用者の年5日の年次有給休暇付与義務

（使用者の年5日の年次有給休暇付与義務）

第●条　事務所は，第○条により付与する年次有給休暇（但し，その付与日数が10日以上の職員の年次有給休暇に限る）の日数のうち，5日については，付与される基準日から1年以内に，職員ごとに時季を定め付与しなければならない。但し，当該職員が時季指定をして取得した年次有給休暇日数及び第△条により取得する計画年休日数の合計日数（5日を超える場合は5日とする）は時季を定めることにより付与することを要しない。

2　事務所が前項の年次有給休暇の時季を指定する場合，職員に対して時季に関する意見を聴くものとし，時季に関する職員の意見を尊重するよう努めるものとする。

⑷　その他

　そのほかに，労働法令の改正により事務所として今後規定を見直す可能性のある事項についての規定例については，紙面の関係もありますので記載しませんが，改正のポイントのみ挙げておきます。

① フレックスタイム制の清算期間を1か月以内から3か月以内へ

フレックススタイム制とは，労働者が始業，終業時刻を自ら決定して労働するものをいいます。2019年4月から，その清算期間の上限がそれまでの1か月間から3か月間に延長されました。

その詳細な内容及び導入については厚労省のホームページをご参照ください (https://www.mhlw.go.jp/content/000476042.pdf「フレックスタイム制のわかりやすい解説＆導入の手引き」)。

② 1か月当たり時間外労働60時間超の場合の割増率

法定の労働時間（週40時間，1日8時間）を超える時間外労働の割増賃金率は，25％以上，月60時間を超える部分は50％以上とされています。ただし，次の中小企業にて適用猶予がありましたが，2023年4月にその猶予措置は廃止され，すべての企業において月60時間を超える部分は50％以上となります。したがって，2023年4月から上記の猶予措置が廃止される企業は上記の対応を内容とする規定とする必要があります。

	1．資本の額または支出の総額	2．常時使用する労働者数
小売業	5,000万円以下	50人以下
サービス業	5000万円以下	100人以下
卸売業	1億円以下	100人以下
上記以外	3億円以下	300人以下

③ 高度プロフェッショナル制度の適用

2019年4月から，高度プロフェッショナル制度，具体的には，高度の専門的知識，技術，又は経験を必要とし，その性質上従事した時間と従事して得た成果との関連性が通常高くないと認められる業務に従事する労働者で，法で定める要件（一定の年収要件等）を満たす労働者について，労働基準法が定める労働時間，休憩，休日に関する規定及び時間外・休日・深夜労働の割増賃金に関する規定を適用しない，とする制度が始まっています。

その詳細な内容及び導入については，厚労省のホームページをご参照くださ

い（https://www.mhlw.go.jp/content/000497408.pdf 「高度プロフェッショ
ナル制度　わかりやすい解説」）。

④　育児介護休業法改正

　育児介護休業法は相次ぐ改正もあり，その内容は多岐にわたっています。規
定例については，下記の厚労省のホームページをご参照ください（https://
www.mhlw.go.jp/stf/seisakunitsuite/bunya/000103533.html 「育児・介護休
業等に関する規則の規定例」）。

👉≋参考情報

パート・有期労働法の制定とパート・有期雇用職員の待遇の検討

　パート・有期労働法が制定され，2021年4月からは全企業が適用対象となり，
会計事務所においても，パートの職員や有期雇用の職員と，フルタイムの無期雇
用労働者（正職員等）との労働条件の均等・均衡を図る必要があります。両者の
賃金の各項目（基本給，その他諸手当）や休暇，休職などに相違がある場合につ
いて，その相違に合理性があるのか，あらかじめ検証しておく必要があります。
パート・有期の職員から説明を求められた場合には，相違の内容及び理由を説明
する義務があるからです。

　パート・有期労働法の詳細な内容については厚労省のホームページをご参照く
ださい（https://www.mhlw.go.jp/content/000656231.pdf 「パートタイム・
有期雇用労働法対応のための取組手順書」）。

著者紹介

───────────────────────────

三上　安雄（みかみ　やすお）

弁護士（ひかり協同法律事務所代表）

学歴
中央大学法学部卒

職歴
1999年弁護士登録（第一東京弁護士会）
　　　髙井伸夫法律事務所勤務
2004年ひかり協同法律事務所設立
2019年4月〜2022年3月東京大学法科大学院客員教授

所属会
第一東京弁護士会労働法制委員会労使関係部会長
経営法曹会議幹事
日本労働法学会会員

主な著書
『最高裁労働判例』Ⅱ期3巻〜5巻（共著，日本経団連出版）
『地域ユニオン合同労組への対処法』（民事法研究会）
『懲戒処分の実務必携Q＆A』（民事法研究会）
など

税理士・会計事務所の人事労務トラブル解決Q&A

2022年7月20日　第1版第1刷発行

著　者　三　上　安　雄
発行者　山　本　　　継
発行所　㈱中 央 経 済 社
発売元　㈱中央経済グループ
　　　　パ ブ リ ッ シ ン グ

〒101-0051　東京都千代田区神田神保町1-31-2
電話　03 (3293) 3371 (編集代表)
　　　03 (3293) 3381 (営業代表)
https://www.chuokeizai.co.jp
製版／三英グラフィック・アーツ㈱
印刷／三 英 印 刷 ㈱
製本／㈲ 井 上 製 本 所

© 2022
Printed in Japan